메타버스,
학교에서 활용하기

이 진 명
박하느리
이 재 찬
공 저

박영story

프롤로그

메타버스 교육이 미래에 필수적인 이유

"선생님, 제가 해볼게요."

실시간 화상 수업 때 항상 화면이 꺼져있고, 유튜브와 게임 소리가 들리던 지수가 생기를 띈다. 자기가 스스로 프로젝트를 진행하고 싶다고 했다. 생기가 도는 눈, 누구보다 전문적인 용어와 실력을 선보인다. 아이들은 물론 교사인 나도 지수의 능력에 감탄한다. 메타버스 수업에서 지수는 날아다니고 있었다.

코로나로 인한 원격수업이 지속되면서 새로운 교육방법들이 다양하게 시도되었다. 그 중 아이들에게 가장 열광적인 반응을 이끌어내고, 아이들을 수업의 중심으로 끌어 들일 수 있던 수업이 메타버스 수업이었다. 메타버스 수업을 하며 아이들이 메타버스를 스스로 만들고, 그 안에서 자기주도적으로 학습하면서 교실에서는 볼 수 없었던 아이들의 능력을 볼 수 있었다. 특히 교실에서 소외되던 아이들이 주도적으로 활동하는 모습을 보였다.

대면수업이 본격화된 2022년도 마찬가지였다. 대면수업에서는 할 수 없는 활동들이 메타버스에서는 가능했다. 메타버스는 아이들이 새로운 방법으로 수업하고 학습할 수 있는 공간이 되었다. 보다 입체적이고 주도적인 활동이 가능했다. 아이들은 메타버스에서 제2의 자아라고 불릴 만큼 다른 색깔을 보여줬다. 미래의 변화에 아이들은 이미 적응되고 준비되어 있었다.

실제 교사연수를 다니다 보면 메타버스에 대한 아이들과의 적응도 속도에서 놀란다. 아이들은 10분이면 익히는 내용들을 교사들은 40분 정도 걸려야 익힐 수 있다. 어른들이 보기만 해도 복잡하다고 혀를 내두를 때, 아이들은 이미 스스로 메타버스 안에서 자신의 생각을 마음껏 펼치고 있다. 지금 학교에 다니고 있는 아이들은 디지털 기기를 태어날 때부터 접한 디지털 네이티브들이다. 디지털 기기를 제2의 신체처럼 자유자재로 활용한다.

한발 더 나아가 메타버스를 자유롭게 활용할 수 있는 메타버스 네이티브들이다.

아이들에게 물어보면 대표적인 메타버스 게임인 마인크래프트, 로블록스를 한번씩은 접해보았다. 실제 접해보지 않았더라도 유튜브에서 마인크래프트와 로블록스를 하는 모습을 본 경험이 있다. 제페토나 이프랜드도 해당 아바타의 그림만 보고도 바로 어떤 메타버스 플랫폼인지 맞춘다. ZEP과 같은 2D형 메타버스에도 빠른 속도로 몰입하며 자신이 해야 할 일을 기가 막히게 찾아서 진행한다.

아이들은 변화하고 있다. 세상도 변화하고 있다. 메타버스 교육은 미래에 필수적인 요소이다. 각 업체들이 빠르게 메타버스를 구축하기 위해 노력하고 있다. Microsoft는 메시라는 메타버스를 구축하여 메타버스 안에서 업무 협업을 할 수 있도록 하고 있다. Nvidia는 옴니버스라는 메타버스를 구축하여 키오스크나 자율주행 자동차에서 활용하고자 계획하고 있다. 각종 기업에서 메타버스를 활용하고 있다. 사회의 변화에 따라 메타버스의 활용도도 높아지고 있다. 이런 시점에서 학교는 더 이상 메타버스를 뒤로 둘 수 없는 상황이다.

아이들이 좀 더 재미있게 수업할 수 있고, 수업에 적극적으로 참여할 수 있는 수업이 메타버스 수업이다. 이 책은 메타버스를 교실에서 바로 활용할 수 있도록 구성하였다. 각 플랫폼별로 단계를 제시하여 차례대로 따라가면 교실에서 바로 활용할 수 있는 완성된 플랫폼을 만들 수 있게 구성되어 있다. 그 외 각 플랫폼별 다양하게 활용할 수 있는 예시들도 담겨있어 교실에서 메타버스를 활용하고자 하는 교사들에게 최적의 책이 될 것이다.

메타버스 플랫폼 선택

내 수업에는 어떤 메타버스가 적합할까?
Yes
No
학생들이 메타버스 플랫폼에 가입하여 계정을 관리할 수 있다.
실시간 화상 회의 기능이 필요하다.
교사, 학생이 함께 실시간으로 공간을 구축하려는 경험을 제공하려 한다.
3D 그래픽의 메타버스 플랫폼이 필요하다.
Gather
ZEP
Gather/ZEP
마인크래프트
게임 기반의 메타버스 플랫폼이 필요하다.
코딩 교육 위주의 메타버스 플랫폼이 필요하다.
ROBLOX
로블록스
CO SPACES EDU
FOR SCHOOLS
코스페이시스
AR/VR 기능을 주로 활용하는 메타버스 플랫폼이 필요하다.
ifland
ZEPETO
이프랜드/제페토

차례

Chapter 01

메타버스가 도대체 뭐길래?

Chapter 02

메타버스 첫걸음, 도트형 메타버스 ZEP과 게더타운

Chapter 03

게임 기반 메타버스, 로블록스/마인크래프트

Chapter 01

메타버스가 도대체 뭐길래?

Chapter 01

메타버스가 도대체 뭐길래?

메타버스의 개념

메타버스가 주목받는 이유

메타버스 장점 및 유의점

메타버스 교육 활용 전 준비할 것

메타버스의 개념

메타버스는 여러 개를 뜻하는 Meta와 세계를 뜻하는 Universe의 합성어다. 현실을 초월한 가상세계를 의미한다. 메타버스는 사실 그 전부터 활용되어 왔다. 그러나 메타버스라는 단어의 등장과 코로나19로 인한 온라인 경험이 확대되면서 메타버스가 실체화되면서 주목받기 시작했다. 기술 연구 단체인 ASF는 메타버스를 '증강현실, 라이프로깅, 거울세계, 가상현실'로 크게 네 가지로 구분하였다.

비영리 기술 연구 단체 가속연구재단 ASF의 메타버스 분류

출처: 픽사베이, 셔터스톡 편집

증강현실의 가장 대표적인 예는 AR포켓몬고 게임이다. 스마트폰이나 태블릿PC와 같은 기기로 현실에 가상의 정보를 합성한다. 디지털교과서에도 AR콘텐츠가 있다. 아이들이 어려워하는 과학실험을 실제 현실에서 눈앞에 있는 것처럼 보여준다. IPTV에서도 공룡을 실제 우리 집에서 다니는 것처럼 보여주거나 곤충의 모습을 360°로 돌려서 보여주는 AR기술을 체험해 볼 수 있다. 아이들이 흔히 가지고 노는 장난감 AR카드에도 활용되고 있다. 구글 글라스도 AR기술을 접목하는 증강현실의 대표적인 예이다.

라이프로깅의 대표적인 예는 트위터, 페이스 북과 같은 SNS다. 자신의 삶에 관한

다양한 경험을 기록하고 정보를 저장하며 공유하는 활동을 말한다. 자신의 일상을 인터넷상에 공유하는 모든 활동을 라이프로깅이라고 한다.

거울 세계의 대표적인 예는 구글지도이다. 현실 세계를 그대로 거울처럼 비추되 다양한 정보를 담는다. 내비게이션, 배달 어플 등도 거울 세계에 해당한다. 쌍방향 수업이나 회의에 활용하는 줌(Zoom)도 거울 세계로 분류할 수 있다.

가상 세계가 흔히 생각하는 메타버스를 의미한다. 제페토, 게더타운과 같이 가상 세계에 아바타를 구현하여 현실과 같이 생활하는 곳이다. 가상공간에서 상호작용을 하고, 현실에서 불가능하던 일들을 가능하게 하는 공간이다.

이처럼 메타버스는 증강현실, 라이프로깅, 거울 세계, 가상 세계를 모두 포괄하는 개념이다. 현재는 4개의 구분이 의미없을 만큼 통합적으로 적용되고 있다. 본 책에서는 가상 세계에 주목하여 가상 세계 메타버스를 실제 교육에 어떻게 활용하는지에 대해 안내하고자 한다.

메타버스가 주목받는 이유

코로나19로 인해 우리의 삶은 많은 부분이 바뀌었다. 특히 현실세계에서 다른 사람과 만나 상호작용하는 기회가 적어지면서 관계에 대한 아쉬움이 커졌다. 재택근무를 하며 온라인상에서 활동을 하지만 함께 있지 못한 허전함과 실제와 다른 집중도 등이 문제가 되었다. 이에 따라 대안으로 찾은 것이 아바타로 실제감을 더할 수 있는 메타버스였다. 콘서트를 해야 하는 가수, 축제를 열어야 하는 정부와 기업 등은 메타버스를 통해 온라인의 한계를 극복하고자 했다.

BTS는 포트나이트라는 메타버스에서 신곡 안무와 노래를 발표하였다. 신곡 안무와 노래를 발표한 후, 안무를 직접 구입해서 자신의 아바타가 안무를 출 수 있도록 하였다. 이 과정에서 사람들은 콘서트에 와 있는 것과 같은 느낌을 받았다. 실제 콘서트는 제일 앞자리에서 보는 관객이 한정되지만, 메타버스 안에서는 모두가 1열 VIP석 관람이 가능했다. 휴대폰이나 컴퓨터만 있다면 그곳이 함께 하는 콘서트 장이 되었다.

또 청와대는 어린이날 행사를 마인크래프트를 구현하여 실시하였다. 어린이날 행사를 모여서 진행하지 못하게 되자 마인크래프트 메타버스에서 대통령과의 만남을 구현했다. 2억명의 사용자들이 사용하는 제페토에서는 각종 기업 브랜드들이 아바타를 위한 물건을 팔고 있다. 나이키 한정판 운동화, 각종 명품 등 기업들이 직접 메타버스에서 아이템을 팔고 있다.

학교에서도 쌍방향 수업에 대한 한계를 많이 느끼고 있다. 초등학생의 경우 자기주도적 학습능력을 갖추는 시기인데, 이를 온라인상에서 스스로 하는 데 많은 어려움을 느끼고 있다. 교사들은 온라인으로 해결되지 않는 문제들을 전화를 하거나, 등교했을 때 알려주면서 그 한계를 극복했다. 그러나 여전히 온라인에서의 집중도나 학업성취도에 대한 걱정이 크다. 특히 걱정되는 부분은 학생들의 사회적 관계문제이다. 등교를 했을 때에도 아이들과 거리를 두어야 하기 때문에 모둠활동이나 친구들과 놀기가 거의 불가능하다. 이에 대한 대안으로 메타버스를 주목하게 되었다.

EBS미래교육플러스에서는 실제 교육현장에서 활용하고 있는 메타버스의 활용을 소개하였다. 이 외 다양한 매체에서도 메타버스가 교육현장에서 어떻게 활용되고 있고, 장점은 무엇인지에 대해 주목하였다. 메타버스는 학생들에게 새로운 경험을 줄 뿐 아니라 학생들이 수업에 몰입할 수 있는 실재감을 제공한다.

학생들이 주도적으로 공간구성에 참여할 수 있고, 능동적으로 움직이며 정보를 찾아야 하기 때문에 학생들의 몰입도가 올라간다. 특히 다른 에듀테크 도구들과 연동하여 그 효과를 높일 수 있다. 메타버스는 플랫폼으로서 원격수업에 실제감을 더할 수 있는 도구이다.

메타버스 장점 및 유의점

메타버스의 장점은 크게 세 가지이다. 실재감, 몰입감, 능동성을 들 수 있다. 우선 메타버스 교육은 실재감을 줄 수 있다. 교사가 실제로 존재하고 있음을 느끼게 하고, 학급의 학생들이 실제로 존재하고 있음을 느낄 수 있다. 가상의 공간이지만 아바타를 통해 이야기를 나누고, 같은 경험을 공유하기 때문이다.

두 번째로 몰입감을 줄 수 있다. 아바타가 직접 공간을 탐험하기 때문에 학생들도 실제 공간을 탐험하는 느낌을 받는다. 학생들이 수업이 아니라 게임처럼 받아들이기 때문에 몰입감이 높다. 실제 메타버스 교육을 하다 보면 가장 많이 받는 질문이 게임이랑 다른 점에 대한 부분이다. 게임은 게임회사에서 공간과 방법까지 만들어 준다면, 메타버스는 학생들이 다양한 오브젝트나 공간을 꾸밀 수 있다는 점이 다르다. 그 과정에서 학생들은 스스로 만든 공간을 활용하는 몰입감을 느낄 수 있다.

세 번째로 능동성을 들 수 있다. 학생들이 스스로 지식을 찾고 재구조화할 수 있도록 돕는다. 자신들이 직접 만드는 공간이라는 점에서 학생들이 능동적으로 활동하게 된다. 쌍방향 수업에서는 교사 1명에 아이들 30명이라는 1:30의 관계가 되지만, 메타버스 수업에서는 교사 대 학생, 학생 대 학생과 같은 1:1의 관계, 1:다수의 관계로 능동적으로 변할 수 있다. 관계 속에서 학생들은 능동성을 지니게 된다.

그러나 메타버스를 교육에 사용할 때에는 유의할 점이 있다. 메타버스 사용연령, 학생들의 메타버스 에티켓, 학부모 교육이다. 우선 메타버스 사용연령은 교육의 대상이 학생이기에 중요하다. 게더타운의 경우 COPPA(미국 아동 온라인 사생활 보호법)를 따르는 미국이 본사이기 때문에 원칙적으로 만 18세 미만의 접속이 금지되어 있다. 만 13세 미만은 개인정보 보호를 위해 회원가입이 어렵다. 유튜브가 COPPA규약을 어겨 200억대의 벌금을 물어낸 것을 생각하여 고심중인 듯 하다. 한국은 COPPA 적용 국가가 아니지만 게더타운이 몸집이 커지면서 사용약관에 명시를 했기 때문에 학교에서 활용시 고려할 필요가 있다.

제페토의 경우는 우리나라가 만든 것이기 때문에 만 14세 미만은 보호자의 동의를 받아 가입하면 활용이 가능하다. 로블록스나 마인크래프트도 만 12세 이상이 원칙이나 실제로는 초등학생들이 많이 사용하고 있다. 마인크래프트는 교육용 게임이 따로 있어 그것을 활용하는 것도 가능하다. 게더타운의 대체로 떠오르고 있는 ZEP은 현재 웨일 스페이스를 통해 초등학생도 활용가능하게 하고 있다. 각 메타버스별 사용연령과 연령 확인 방법이 다르기 때문에 메타버스 교육을 하기 전에 이 부분을 꼭 검토해 보아야 한다.

두 번째로 고려해야 할 점은 학생들의 메타버스 에티켓이다. 인터넷이 처음 도입되었을 때 인터넷 예절을 정립하기 위해 엄청난 노력을 기울였다. 인터넷이 보편화된 지금도 빠른 기술 발달에 비해 법의 구멍은 너무도 많다. 이에 따라 사용자의 주체적인 활용이 필요한데 메타버스가 막 시작하는 시점이기 때문에 메타버스 에티켓에 대한 인식이 미비하다. 이미 상당수의 아이들이 메타버스를 활용하고 있지만 어디에서도 메타버스 에티켓을 가르쳐 주지 않는다. 그래서 교육에서 메타버스를 활용할 때 이 에티켓을 우선적으로 이야기하는 것이 필요하다.

협동하여 공간을 만들 때 주의해야 할 점, 다른 친구와 소통하고 싶을 때 지켜야 할 점, 모둠별 활동에서 어려움을 느낄 때 대처하는 법 등 자세한 예시를 들어 소개하는 것이 중요하다. 아이들이 그동안 메타버스를 활용하면서 지켜야 할 것들을 스스로 생각해 보라고 해서 학급규칙처럼 메타버스 규칙을 정하는 것도 좋은 방법이다.

세 번째로 학부모 교육을 생각해야 한다. 상당수의 학부모들은 메타버스를 게임으로 인식하는 경향이 있다. 메타버스에 대한 개념 자체가 생소하고, 교육적 활용에 대한 이해도가 부족하기 때문이다. 이에 따라 교육적으로 어느 부분을 활용할지, 에티켓에 대한 교육은 어떻게 이루어질지, 부모님께서 협조해 주셔야 하는 부분은 어떤 부분인지도 메타버스 교육을 실시하기 전에 안내될 필요가 있다. 특히 사용연령 관련 부분에 대해 충분한 안내를 드리고, 수업시간 이외에 접속하지 않도록 지도하겠다는 안내도 덧붙이는 것이 좋다.

메타버스 교육 활용 전 준비할 것

메타버스 교육 활용 전 교사가 준비해야 할 것은 플랫폼 선정과 활용범위이다. 현재 메타버스 플랫폼이 광범위하기 때문에 이에 따른 정리가 필요하다. 아래 표는 현재 대표적으로 활용되고 있는 플랫폼들의 비교이다. 교육적 목적에 따라 달라질 수 있다.

활용범위도 고려해야 한다. 교사가 맵을 완성하고 아이들은 참여만 하게 할지, 아이들이 맵을 만드는 단계도 참여하게 할지에 대한 고민이 필요하다. 교과지도에서 어느 부분에 활용할지도 필요하다. 프로젝트수업으로 재구성하여 활용하면 훨씬 풍성한 메타버스 활용 수업이 가능하다.

메타버스 플랫폼별 특징

<table>
<tr><th></th><th colspan="2">화상회의 기반 2D 플랫폼</th><th colspan="2">소셜 네트워크 서비스 기반 플랫폼</th><th>AR, VR 기능 중심 플랫폼</th><th colspan="2">게임 기반 플랫폼</th></tr>
<tr><th></th><th>게더타운</th><th>젭(ZEP)</th><th>제페토</th><th>이프렌즈</th><th>코스페이시스</th><th>로블록스</th><th>마인크래프트</th></tr>
<tr><td>채팅</td><td colspan="7">O</td></tr>
<tr><td>학생의 공간 구성</td><td colspan="7">O</td></tr>
<tr><td>화상회의</td><td colspan="2">O</td><td colspan="5">X</td></tr>
<tr><td>그래픽</td><td colspan="2">2D</td><td colspan="5">3D</td></tr>
<tr><td>코딩 교육</td><td colspan="4">X</td><td colspan="3">O</td></tr>
<tr><td>회원가입</td><td colspan="2">호스트만 필요 (맵 제작 시에는 학생 계정 필요)</td><td colspan="4">필요</td><td>필요 (학생 계정 발급)</td></tr>
<tr><td>기기</td><td colspan="2">PC 위주(모바일 제한적)</td><td colspan="2">모바일</td><td>모바일 위주</td><td>PC, 모바일</td><td>PC</td></tr>
<tr><td>AR/VR 기능</td><td colspan="2">X</td><td>AR 아바타 만들기</td><td>X</td><td>AR, VR로 공간 만들기</td><td colspan="2">X</td></tr>
<tr><td>특징</td><td colspan="2">높은 확장성
-화면 공유
-패들렛
-유튜브 등</td><td colspan="2">소셜 네트워크 기능
-라이브 방송
-행사 및 체험참여
-사회 관계망 형성
-인플루언서 만나기 등</td><td>머지큐브 활용 → 증강현실 콘텐츠 제작</td><td colspan="2">게임의 목표X, 규칙X 학생이 자유롭게 플레이 주도
(탐험, 게임 만들기, 만나서 놀기)</td></tr>
</table>

Chapter 02

메타버스 첫걸음, 도트형 메타버스 ZEP과 게더타운

Chapter 02

메타버스 첫걸음, 도트형 메타버스 ZEP과 게더타운

ZEP과 게더타운의 특징

기본 템플릿 활용 예시(ZEP, 게더타운)

교육 활용 예시

❶ ZEP의 특징

❷ ZEP 1단계-교실을 만들어보자-템플릿 활용 만들기

❸ ZEP 2단계-세계여행을 떠나보자-배경 이미지와 오브젝트 타일효과 설치하기

❹ ZEP 3단계-수업하기

ZEP과 게더타운의 특징

ZEP과 게더타운은 도트형 메타버스이다. 2D캐릭터와 추억의 게임을 떠올리게 하는 도트형 그래픽이 특징이다. 두 플랫폼은 메타버스의 외부와의 확장성에 초점을 두고 있다. 구글이나 패들렛, 그 외 다양한 플랫폼을 다양하게 연결해서 사용자에게 새로운 경험을 주는 것이 가능하다.

ZEP은 네이버제트와 슈퍼캣이 설립한 메타버스 플랫폼이다. 네이버제트는 메타버스 제페토의 운영사로 제페토의 사용자는 전 세계적으로 약 3억 명이다. 슈퍼캣은 바람의 나라 게임을 만든 회사로 바람의 나라에서 활용한 도트 그래픽 노하우와 대용량 트래픽 처리 기술을 메타버스에 적용하고 있다. 두 회사가 합작하여 도트형 메타버스 ZEP을 만들었다. 코딩없는 NFT기술을 적용하여 게임 사용자들이 아이템이나 맵을 만들어 사고 파는 기술도 함께 개발중이다.

게더타운은 미국에서 만들어진 메타버스로 도트형 그래픽으로 나타난다. 외부 플랫폼과의 연결이 용이하여 많은 기업에서 실제로 활용중이다. 특히 부동산 중개 어플 회사인 직방은 실제 사무실을 없애고 게더타운 내에 사무실을 활용하여 재택근무를 한다고 한다. 그 외에도 LG디스플레이 신입사원 교육, 각종 학교 행사 등이 게더타운에서 이루어지고 있다.

그래픽이 떨어짐에도 가장 많이 주목을 받는 이유는 아바타와 동시에 실제 얼굴을 보고 이야기를 할 수 있는 장점이 있기 때문이다. 메타버스가 주목받은 이유가 온라인에서의 한계점을 극복하기 위한 점이라고 볼 때 얼굴을 볼 수 있는 건 큰 장점이다. 또한 외부로의 확장성도 높다. 모바일에서도 링크만 있으면 접속할 수 있어 학교에서 활용하기 좋다.

기본 템플릿 활용 예시(ZEP, 게더타운)

ZEP과 게더타운 모두 기본형 템플릿을 제공한다. 이 템플릿만 활용하여도 별다른 지식 없이 바로 메타버스를 활용할 수 있다. ZEP의 경우 사무실, 공원 같은 공간 뿐 아니라 OX퀴즈, 콘서트 등 다양한 활용처를 제시한 것이 돋보인다. 게더타운의 경우에는 실제 공간 중심으로 훨씬 다양한 템플릿을 제시하고 있다.

ZEP은 아직 사용인원에 따른 제한이나 유료화에 대한 부분이 없이 무료로 활용이 가능하다. 추후 아이템 거래로 수익을 창출할 예정이다. 게더타운은 25명까지는 무료이지만 25명이 넘으면 결제를 해야 안정적인 서버 운영이 가능하다.

도트형 메타버스는 사용자가 만든 다양한 그림이나 배경을 바로 적용할 수 있기 때문에 템플릿 활용 외에도 사용 목적에 맞는 공간 구축이 가능한 장점이 있다.

현재 ZEP과 게더타운의 템플릿은 지속적으로 추가되고 있다. 특히 ZEP은 에셋스토어 방식을 사용하여 사용자 간 템플릿 공유를 할 수 있도록 돕고 있다. 지속적으로 사용자 간 내용을 추가하기 때문에 더욱 많은 발전이 있을 것으로 기대된다.

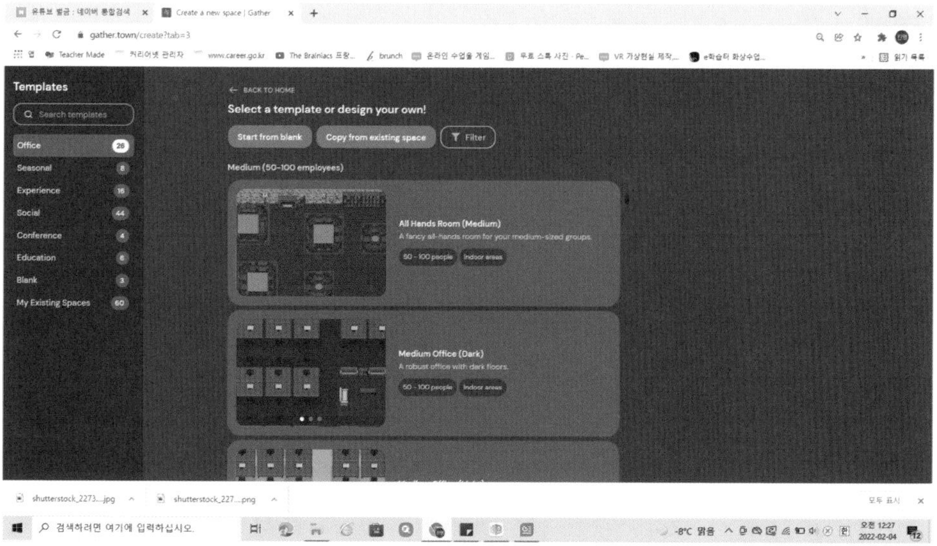

〈게더타운 템플릿〉

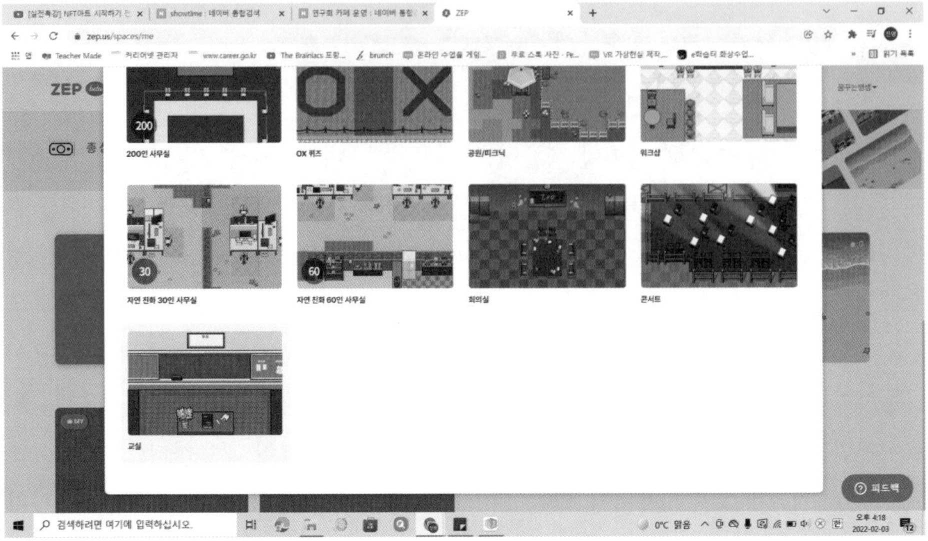

〈ZEP 템플릿〉

교육 활용 예시

아래 제시하는 예시는 ZEP과 게더타운기능으로 모두 구현가능하다. 교과 내용과 연계하여 학생들과 함께 활용할 수 있는 메타버스 교육 아이디어를 공유하는 차원으로 이해하면 된다. ZEP과 게더타운을 함께 설명하는 이유이다. ZEP과 게더타운은 구성형식이나 작동방식이 유사하다. 메타버스 활용의 다양한 예시를 보기 위해서는 게더타운을 참고하는 것이 도움이 된다. ZEP보다 앞서 출시되어 그만큼 다양한 예시를 볼 수 있기 때문이다.

아래는 ZEP을 활용하여 만든 세계여행박람회이다. 세계여행박람회는 세계지도를 배경화면으로 활용한다. 각각의 대륙으로 들어가면 대륙별 활동을 하고, 그 안에서 퀴즈와 활동이 가능하다. 각 대륙별로 아이들이 자료를 만들고, 그 자료들을 전시하여 아이들이 활동하게 한다.

〈zep 세계여행박람회〉

게더타운에 구현된 방탈출 게임이다. 방탈출 게임은 각 방의 힌트를 얻어 탈출하는 게임으로 힌트를 숨기고, 비밀번호를 설정하는 활동을 한다. 방탈출 게임은 활동을 하면서 방탈출을 하게 된다. 도서관에는 책을 찾아야만 풀 수 있는 문제, 음악실에는 음악을 들어야 풀 수 있는 문제, 컴퓨터실에는 컴퓨터를 검색해야 풀 수 있는 문제들이 숨어있다. 각각의 특징을 살펴보면서 문제를 풀면 각각의 방을 탈출할 수 있다. 인트로 영상과 아웃트로 영상도 만들어 메타버스 안에 구현하여 활동할 수 있다.

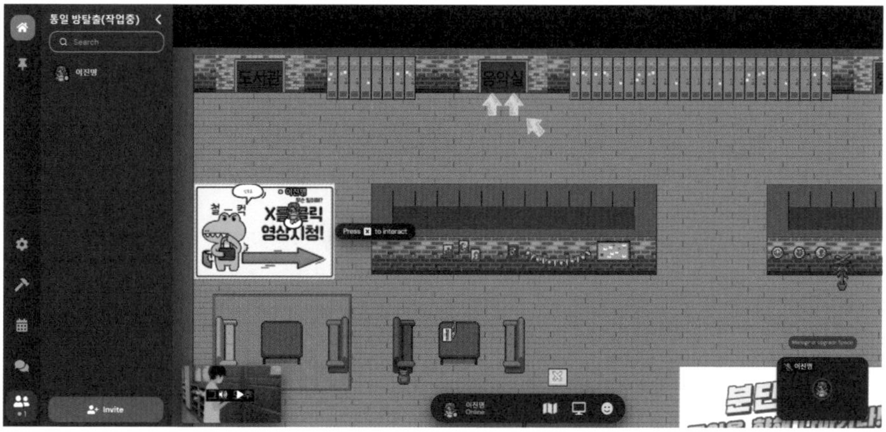

〈게더타운 방탈출게임〉

VR안전지도는 학교 모습을 2.5D 지도로 구현하여 각각의 안전수칙을 VR사진과 함께 살펴볼 수 있도록 한다. 학교 모습을 아이소매트릭 그림으로 2.5D로 구현한다. 그 후, 학교 주변 VR사진과 영상을 만들어 영상을 만들어 놓는다. 관련 퀴즈를 넣어 영상을 보고 바로 안전 퀴즈를 풀 수 있도록 한다.

〈게더타운 VR 안전지도〉

이처럼 ZEP과 게더타운은 다양한 사이트와 연결이 가능하다. 또한 다양한 영상이나 자료를 연결할 수 있어 학생들과 학습할 때 다채로운 수업이 가능하다. JPG나 PNG같은 사진파일로 배경을 변경하면 메타버스의 테마를 쉽게 변경할 수 있는 장점이 있다. 단, 2D상에서 움직이기 때문에 3D메타버스에 비해 다소 그래픽의 현실감이 떨어지기는 한다. 그러나 아이들에게는 오히려 그래픽의 현실성이 떨어지는 것이 수업 내용에 더 집중할 수 있는 요소가 되기도 한다. 또한 화상회의처럼 얼굴을 보고 회의하는 것이 가능하기 때문에 보다 현실감 있는 수업 운영이 가능하다.

앞서 이야기한 것처럼 게더타운은 만 18세 미만에 대한 정책이 있어 제한적이고 영어를 기반으로 구성되어 있어 활용이 다소 어렵다. 또한 25명이 넘어갔을 때에는 유료결제를 해야 원활한 운영이 가능하다. 그렇기 때문에 게더타운에서 아이디어를 얻어서 ZEP에서 아이들과 활동하는 것을 권한다. 게더타운은 전 세계적으로 많은 사람들이 활동하고, 3년이 넘는 시간 동안 관련 데이터가 축적되어 있다. 하지만 당장 교실에 적용하기 어렵기 때문에 게더타운에서 아이디어를 얻어 ZEP에서 활동을 하면 보다 안정적이고 편리한 활동이 가능하다.

1 ZEP의 특징

ZEP은 학생들이 자유롭게 메타버스 안을 탐색할 수 있다. 실제 교실에 있는 것과 같이 가까이 가면 얼굴을 마주보고 이야기할 수 있고, 멀리 떨어지면 이야기 소리도 점차 멀어진다. 크롬 브라우저를 활용한 컴퓨터를 사용했을 때 가장 좋고, 휴대폰에서도 활용 가능하다. 만 14세 미만도 웨일 브라우저로 zep.us에 접속하고 웨일 계정으로 접속하면 이용이 가능하다. 학생용 웨일 계정은 학교 클라우드 계정을 통해 만들 수 있다. 에셋스토어 같은 결제 기능이나 배너가 노출되는 부분 없이 학생들이 안전하게 활용할 수 있다.

특히 다양한 상호작용을 통해 다른 플랫폼으로 연결이 쉬운 것이 장점이다. 바로 영상을 보여줄 수도 있고, 구글 설문, 패들렛 등 다양한 플랫폼과 연결이 가능하다. 물체에 링크를 걸어 학생들에게 학습에 재미를 줄 수도 있다. 아래의 단계에 따라 진행하면 실제 메타버스를 활용하여 수업을 활용할 수 있다. 1단계의 템플릿만 활용하더라도 충분히 수업이 가능하다. 2~3단계를 거치면 보다 행사의 성격에 맞게 진행이 가능하고, 다양한 아이디어를 구현할 수 있다. 완성단계의 수업 단계에서는 사이트 활용 홍보, 유튜브 스트리밍과 같이 실제 행사를 진행할 때 활용할 수 있는 팁을 제시하였다.

단계	1단계	2단계	3단계
주제	템플릿 활용 만들기	세계여행을 떠나보자	수업하기
내용	기본 공간 만들기	배경 이미지와 오브젝트 타일 효과 설치하기	실제 수업 진행 팁
활용 기능	ZEP 템플릿	바닥, 벽, 오브젝트, 상단 오브젝트 타일 효과	구글 사이트, 유튜브 스트리밍 활용

❷ ZEP 1단계-교실을 만들어보자-템플릿 활용 만들기

1) 회원가입하기

회원가입은 사이트에서 이루어진다. zep.us에 접속하여 회원가입을 클릭한다.

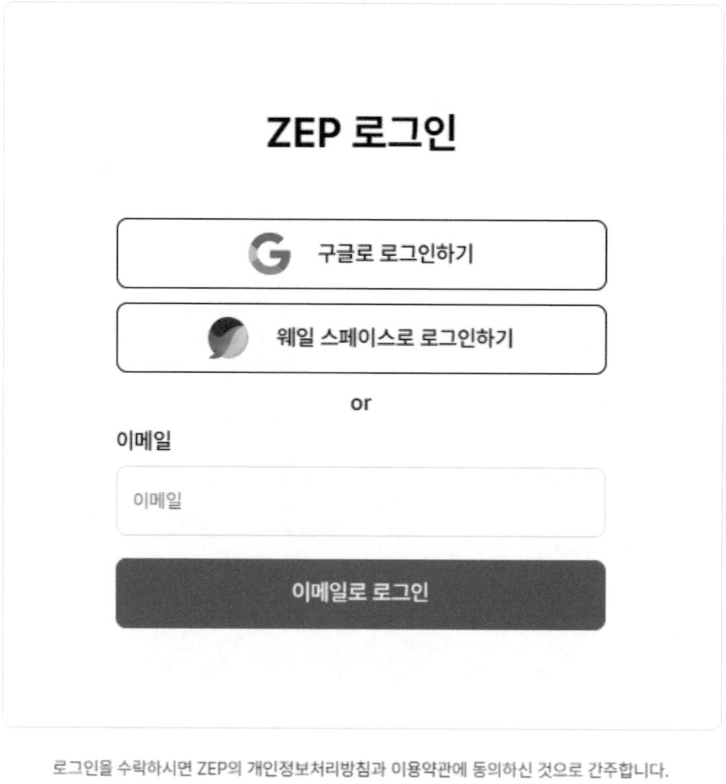

회원가입은 구글이나 웨일 스페이스로 로그인이 가능하다.

연동되어 가입 및 로그인이 가능하기 때문에 가입을 원하면 구글, 웨일 스페이스를 눌러 순서를 따르면 된다. 웨일 스페이스는 교육청에 요청하면 학교별 계정을 받을 수 있다. 학교 관리자 계정으로 들어가 웨일 스페이스를 발급하면 바로 활동이 가능하다.

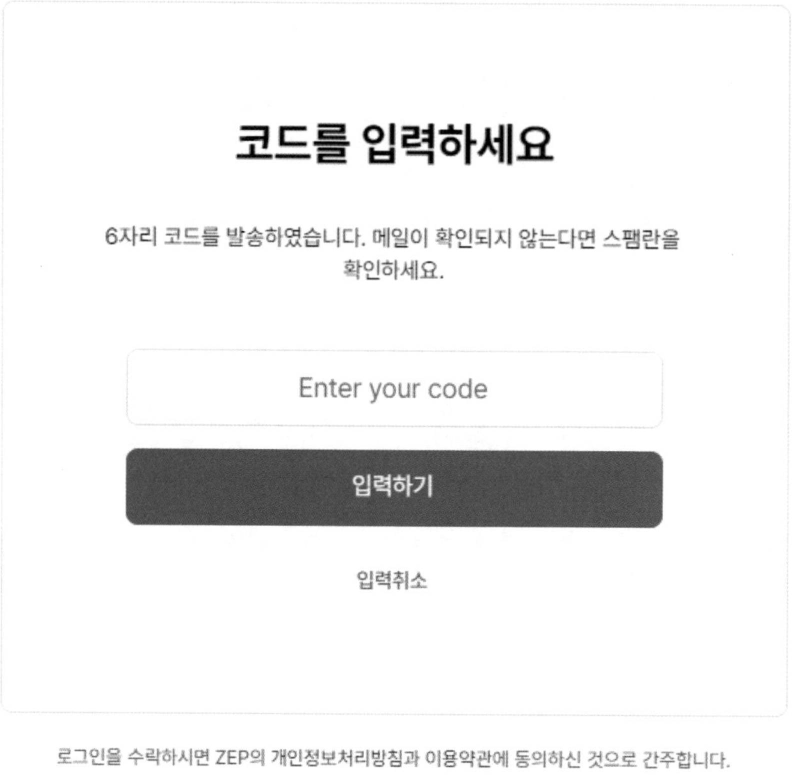

만약 별도의 메일로 가입하고자 한다면 메일 주소를 입력한다. 코드를 입력하여 메일로 오는 코드를 입력한다. 그러면 바로 회원가입이 가능하다.

2) 스페이스 만들기

스페이스 만들기를 클릭하면 다양한 템플릿을 확인할 수 있다. 빈 공간으로 만들어 나에게 맞게 공간을 꾸밀 수도 있다.

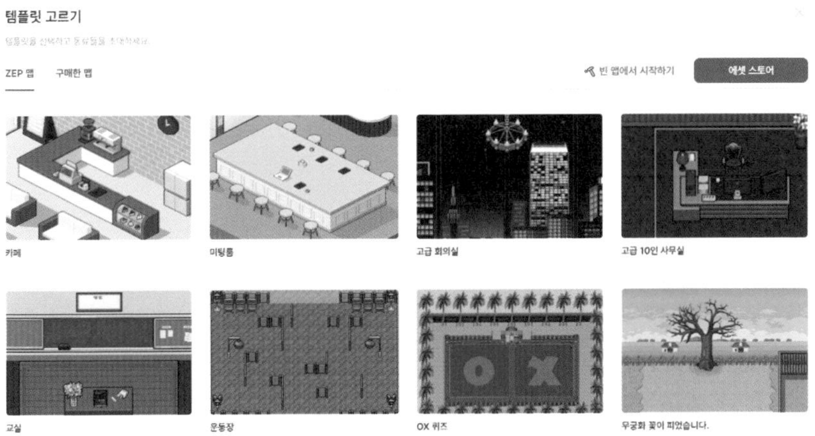

해변, 교실, 사무실, OX퀴즈 공간까지 모두 만들 수 있다. 원하는 템플릿을 골라 선택할 수 있다.

스페이스 이름은 만들 메타버스 공간의 이름이다. 비밀번호 설정 옆 버튼을 클릭하면 비밀번호를 아는 사람만 접속할 수 있다. 만들기를 클릭하면 스페이스가 만들어 진다. 스페이스는 메타버스의 기본 공간 단위로 이해하면 된다.

3) 움직이는 방법 살펴보기

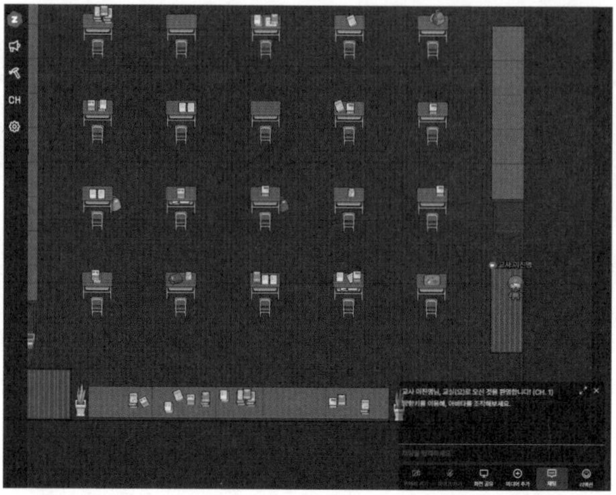

화살표를 활용하여 움직일 수 있다. 왼쪽 화살표를 누르면 왼쪽으로 이동하고, 위쪽 화살표를 누르면 위쪽으로 이동한다. 스페이스바를 누르면 점프도 할 수 있다. 교실을 한번 둘러보면 책상이나 의자와 같은 물체는 지나갈 수 없어 실제 교실에서 돌아다니는 느낌을 받을 수 있다.

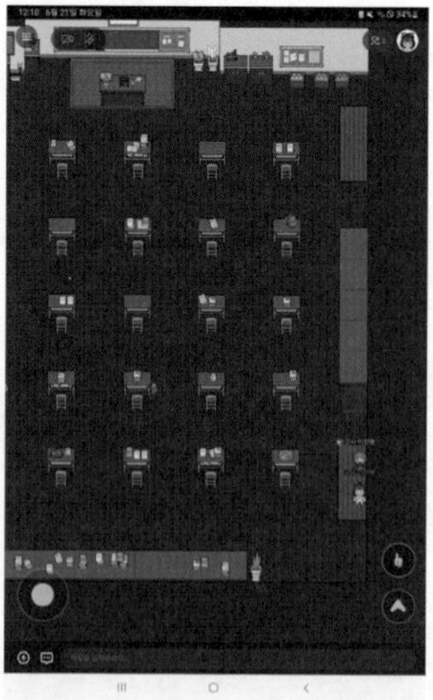

모바일에서는 왼쪽 하단의 버튼을 손가락으로 누른 후 가고자 하는 방향으로 움직여서 움직일 수 있다.

4) 설정 살펴보기

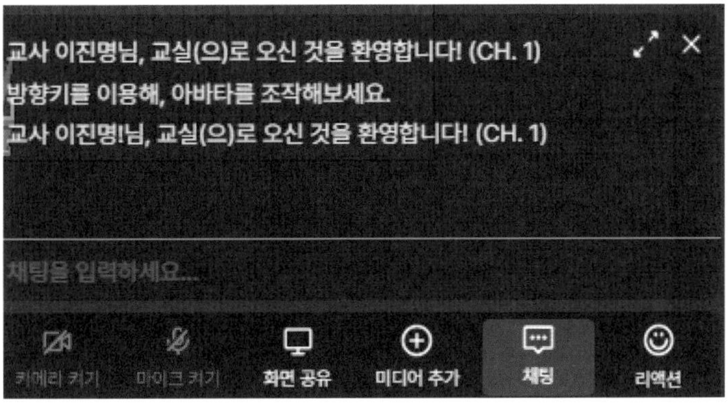

제일 아래 부분에 보면 카메라 켜기와 끄기, 마이크 켜기와 끄기가 설정되어 있는 것을 볼 수 있다.

화면 공유도 바로 가능하다. 실제 교실에서 TV에 컴퓨터 화면을 보여주는 것처럼 확인할 수 있다. 수업 중 보여주고 싶은 영상이 있을 때에는 이 기능을 활용하여 모두에게 보여줄 수 있다. 화면 공유 버튼을 클릭하여 화면공유하기 또는 화면/오디오 공유하기 중 선택하여 클릭하면 원하는 화면을 공유할 수 있다.

미디어 추가버튼을 누르면 다양한 미디어를 메타버스 공간 안에 배치할 수 있다. 만약 스페이스를 만든 사람이 기능을 막아둔다면 위의 표시는 보이지 않는다.

채팅을 클릭하면 다른 참여자들과 채팅을 할 수 있다. 스페이스를 만든 사람이 채팅을 금지해두면 이 기능은 작동되지 않는다.

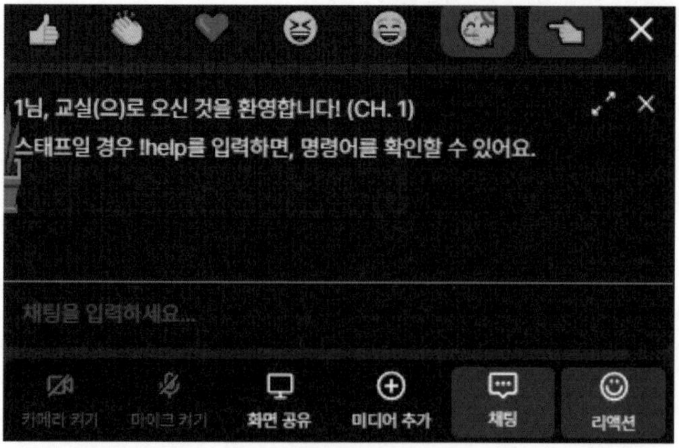

리액션으로는 다양한 이모티콘으로 감정을 표현할 수 있다.

오른쪽 상단의 내 프로필을 누르면 프로필을 설정할 수 있다. 스포트라이트 지정을 클릭하면 같은 공간에 있는 사람들에게 공지 방송을 할 수 있다. 연필모양을 클릭하면 이름과 상태도 쓸 수 있다. 이름은 다른 사람에게 보여지는 이름인데, 학생들에게 실명을 쓰라고 하면 활동하기가 훨씬 편하다. 사전 약속을 통해 학생들에게 이름표를 다는 것처럼 메타버스 안에서도 이름을 달고 활동하기를 약속하면 된다.

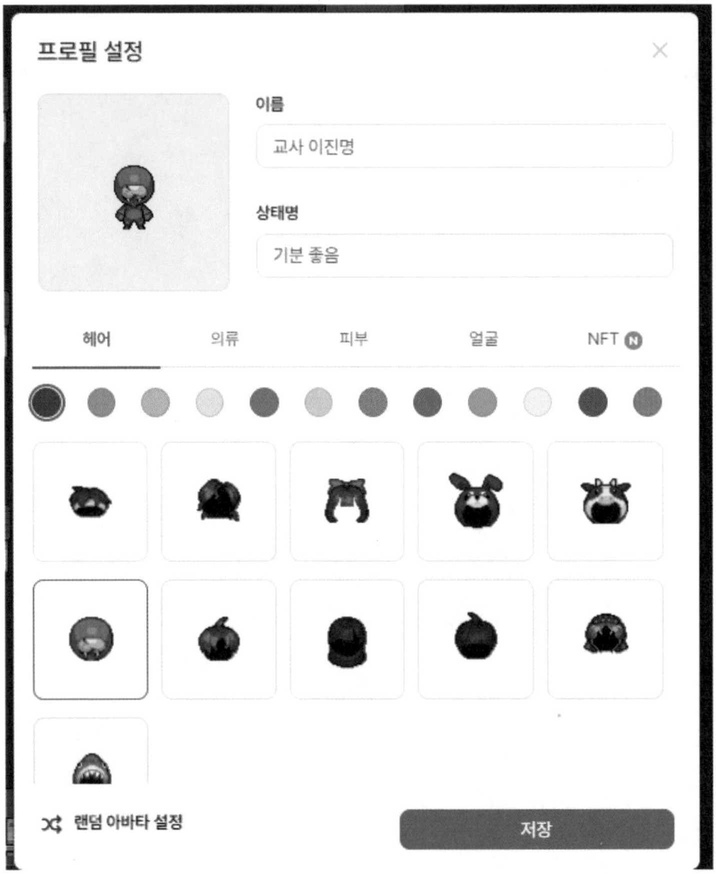

아바타 꾸미기를 클릭하면 헤어, 의류, 피부, 얼굴을 선택할 수 있다. NFT를 연동하여 아바타를 꾸밀 수 있다. 프로필에서 지갑을 연동하여 꾸밀 수 있다.

왼쪽 세로로 긴 메뉴 중 가장 아래 부분인 설정을 누르면 사용자 설정과 호스트 설정을 볼 수 있다.

사용자 설정은 사용자가 사용하는 컴퓨터의 설정만 바뀌고, 호스트 설정은 맵에 참여하는 사람들의 설정을 바꿀 수 있다.

<사용자 설정>

[오디오/비디오설정]은 오디오와 비디오 품질 관련이다. 가지고 있는 카메라와 마이크를 확인하여 주면 된다. 마이크 비디오 품질을 조정하여 배터리도 조정할 수 있다. 비디오 좌우 반전을 클릭하면 카메라에 비추는 모습이 좌우 반대로 나온다. 마이크 노이즈 제거를 클릭하면 지지직거리는 마이크 잡음을 제거할 수 있다. 배경 흐리게 하기는 인물을 제외한 나머지 배경을 흐리게 할 수 있는데 배터리 사용량이 많으니 주의를 기울여야 한다.

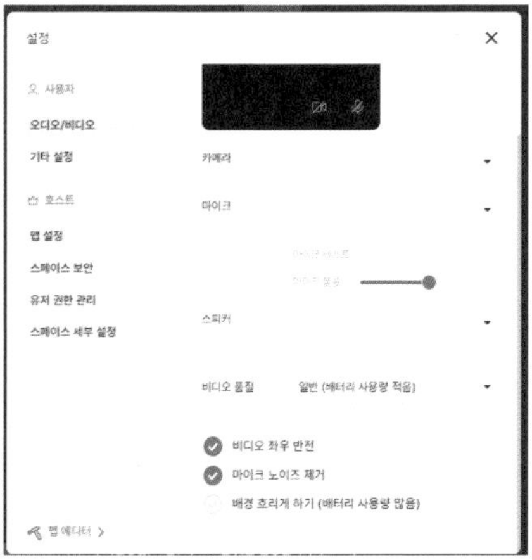

[기타 설정]은 스페이스 배경음악 볼륨을 조정할 수 있다. 내 배경음악의 볼륨을 조정할 수 있는 것이다. 방화벽 프록시는 보안 프로그램으로 상대방의 영상이 잘 출력되지 않는 경우에 사용한다. 체크를 하면 잘 보이지 않던 상대방의 영상이 잘 출력된다.

<호스트 설정>

[맵 설정]은 맵에 참여한 사람들의 설정을 조정할 수 있는 기능이다. 비디오/오디오 기능 금지는 스포트라이트로 전체 공지를 할 수 있는 사용자를 제외한 나머지 사람들이 비디오와 오디오 기능을 활성화하지 못하게 하는 기능이다. 채팅 금지는 서로간의 채팅을 막는기능이다. 화면 공유 금지는 관리자와 스태프 외에 화면 공유를 하지 못하는 기능이다. 원활한 진행을 위해 필요한 기능이다. 스태프 입장 시 스포트라이트는 스태프로 사전에 등록된 사람이 들어왔을 때 모든 사람에게 공지할 수

있는 스포트라이트가 자동으로 설정되는 기능이다. 유저의 임베드 기능은 유튜브, 사진, 게임을 맵에 링크를 걸 수 없게 하는 기능이다. 참여자들이 맵을 변경하지 않도록 하는 기능이다. 찌르기 알림은 Z를 누르면 아바타에서 찌르기 아이콘이 나가는데 그 기능을 사용하지 못하도록 하는 것이다. 또한 설정에서 채팅 기록을 다운로드 받을 수도 있다. 채팅 내역을 지우고, 추가된 임베드를 지울 수도 있다.

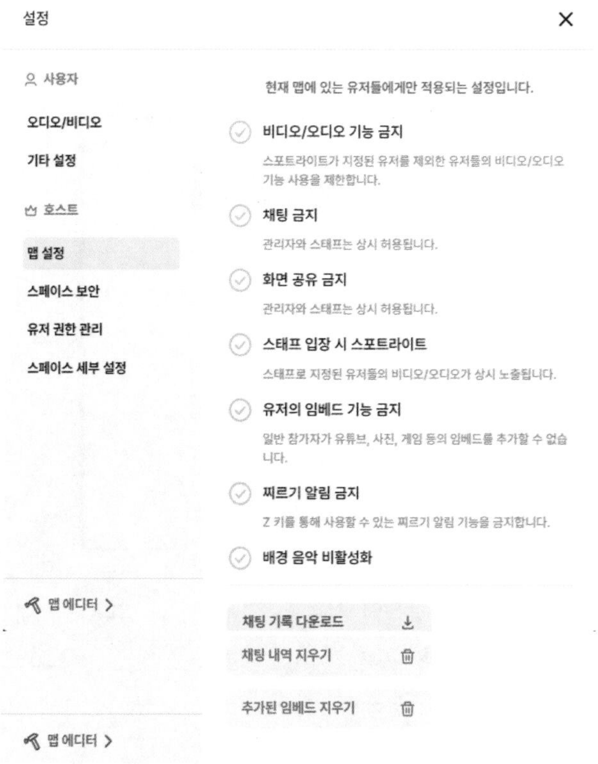
설정
사용자
오디오/비디오
기타 설정
호스트
맵 설정
스페이스 보안
유저 권한 관리
스페이스 세부 설정
맵 에디터 >
맵 에디터 >
현재 맵에 있는 유저들에게만 적용되는 설정입니다.
비디오/오디오 기능 금지
스포트라이트가 지정된 유저를 제외한 유저들의 비디오/오디오 기능 사용을 제한합니다.
채팅 금지
관리자와 스태프는 상시 허용됩니다.
화면 공유 금지
관리자와 스태프는 상시 허용됩니다.
스태프 입장 시 스포트라이트
스태프로 지정된 유저들의 비디오/오디오가 상시 노출됩니다.
유저의 임베드 기능 금지
일반 참가자가 유튜브, 사진, 게임 등의 임베드를 추가할 수 없습니다.
찌르기 알림 금지
Z 키를 통해 사용할 수 있는 찌르기 알림 기능을 금지합니다.
배경 음악 비활성화
채팅 기록 다운로드
채팅 내역 지우기
추가된 임베드 지우기

[스페이스 보안]은 스페이스 비밀번호를 지정할 수 있다. 비밀번호를 입력하고 확인을 누르면 된다.

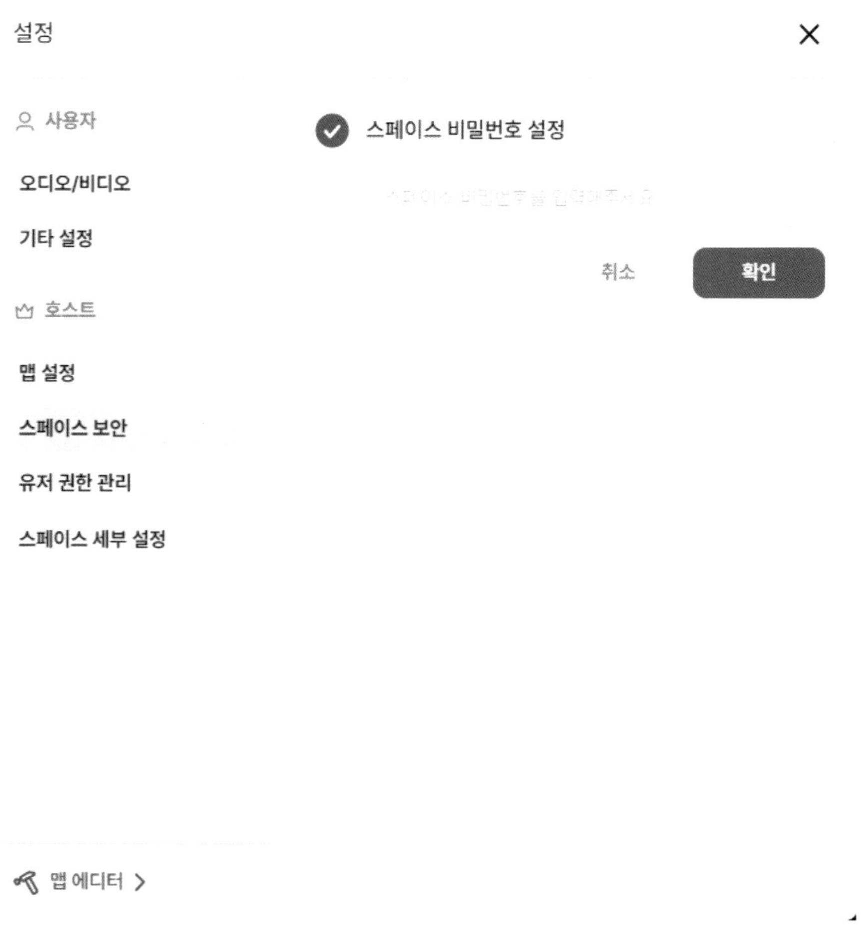

[유저 권한 관리]는 ZEP에 가입되어 있는 이메일을 클릭하여 교사를 초대하여 활동할 수 있다. 아래의 그림을 살펴보면 관리자, 스태프, 에디터, 멤버의 권한 차이를 확인할 수 있다. 보통 동학년 교사는 관리자로 지정한다. 학생들이 직접 편집을 하기 원할 때에는 에디터 권한을 주면 학생들이 직접 맵을 편집하고 조작할 수 있다. 학생이 진행까지 하기를 원할 때에는 스태프 권한을 주면 된다.

[스페이스 세부 설정]은 스페이스를 전반적으로 수정할 수 있는 설정이다. 이름과 스페이스 소개를 바꿀 수 있다. 맵의 특성을 나타내는 썸네일도 바꿀 수도 있다. 공개 여부를 설정하여 비공개할 경우 화이트리스트만 활용할지, 비밀번호를 활용할지 정할 수 있다. 화이트리스트는 접속할 수 있는 이메일주소를 미리 입력하여, 그 이메일주소를 가진 사람만 접속할 수 있도록 하는 기능이다.

여러 개의 맵을 연결할 수 있는데 그 맵 중에 첫 방문 맵을 어떤 것을 할지도 선택할 수 있다. 비로그인 플레이어 접속을 제한하거나 gmail.com이나 다른 도메인들을 제한할 수 있다. 참여자 리스트를 미리 업로드하여 접속상황을 알 수도 있다. Google Analytics ID와 연동하여 방문 기록을 확인하여 접속량을 파악할 수도 있다. 행사를 진행할 때 활용하면 유용하게 활동할 수 있다. 플레이어를 이메일로 초대할 수 있다. 보라색 저장버튼을 눌러야 저장이 된다. 스페이스로 이동하기는 맵으로 이동할 수 있다. 방문 기록 다운로드는 실제 접속한 사람의 기록을 다운로드할 수 있다.

플레이어 초대하기에 메일주소를 입력하고 초대하기를 누르면 다른 플레이어를 초대해서 활동할 수 있다. 그리고 멤버에서 다른 멤버들과 역할을 모두 정할 수 있다. 스페이스 삭제도 가능하지만 스페이스를 계속 활용하고 싶다면 유지하는 것이 좋다.

채팅창을 활용하면 보다 빠른 명령이 가능하다. 아래의 명령어를 채팅창에 입력하면 보다 빠르게 다양한 행사나 수업을 진행할 수 있다.

!help를 입력하면 다양한 명령어를 볼 수 있습니다.
!destroy : 모든 플레이어를 내쫓고 방을 파괴합니다.
!kick NAME : 해당 플레이어를 방에서 내쫓습니다.
!clear : 모든 대화 내용을 삭제합니다.
!muteall : 맵에 있는 모든 사람의 음성을 소거합니다.
!unmuteall : 맵에 있는 모든 사람의 음소거 상태를 해제합니다.
!spotlight NAME : 해당 플레이어에게 스포트라이트 권한을 토글합니다(같은 플레이어를 대상으로 한번 더 입력 시 스포트라이트 권한 토글이 취소됩니다).
!spawn NAME : 해당 유저를 현재 위치로 소환합니다.
!chatinterval SECONDS : 채팅 슬로우 모드를 적용합니다. N초마다 채팅이 가능합니다.

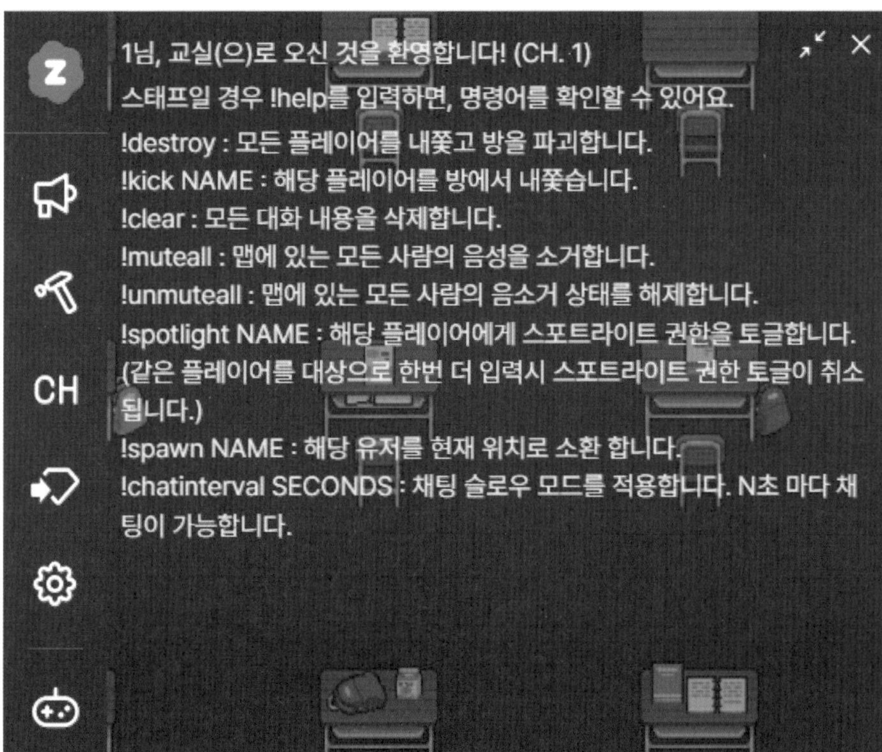
1님, 교실(으)로 오신 것을 환영합니다! (CH. 1)
스태프일 경우 !help를 입력하면, 명령어를 확인할 수 있어요.
!destroy : 모든 플레이어를 내쫓고 방을 파괴합니다.
!kick NAME : 해당 플레이어를 방에서 내쫓습니다.
!clear : 모든 대화 내용을 삭제합니다.
!muteall : 맵에 있는 모든 사람의 음성을 소거합니다.
!unmuteall : 맵에 있는 모든 사람의 음소거 상태를 해제합니다.
!spotlight NAME : 해당 플레이어에게 스포트라이트 권한을 토글합니다.
(같은 플레이어를 대상으로 한번 더 입력시 스포트라이트 권한 토글이 취소 됩니다.)
!spawn NAME : 해당 유저를 현재 위치로 소환 합니다.
!chatinterval SECONDS : 채팅 슬로우 모드를 적용합니다. N초 마다 채팅이 가능합니다.
CH

5) 탬플릿 활용 수업하기

이렇게 간단한 태블릿을 활용한 장소에서는 실제 교실에서 수업하는 것처럼 아이들이 자리에 앉아서 수업할 수 있다. 영상을 공유하여 이야기하고 채팅 링크를 통해 수업을 전달할 수 있다.

채팅 창 옆 플러스 버튼을 누르면 유튜브, 이미지, 파일, 화이트보드, 포털, 미니게임, 스크린샷까지 활용할 수 있다. 유튜브 링크를 모든 학생에게 공유할 수 있고, 이미지나 파일 등도 바로 삽입하여 수업할 수 있다. 화이트보드로 아이디어를 공유할 수 있고, 포털을 만들어 다른 스페이스로 오고 갈 수도 있다. 미니게임도 다양하여 미니게임을 활용한 수업이 가능하다. 마무리로 다함께 사진을 찍는 스크린샷도 가능하다.

이처럼 템플릿만으로도 메타버스 내에서 수업이 가능하기 때문에 간단한 템플릿으로 수업이나 행사에 생동감을 더할 수 있다.

③ ZEP 2단계-세계여행을 떠나보자-배경 이미지와 오브젝트 타일효과 설치하기

1) 세계여행 예시 보여주기

ZEP은 내가 가진 이미지를 활용하여 배경을 설정할 수 있다. 주어진 템블릿 외에도 주어지는 배경 이외에도 세계지도와 같이 내가 가진 이미지와 오브젝트를 넣을 수도 있다. 다양한 배경과 오브젝트를 활용해 각 학습 주제에 적합한 메타버스를 구축할 수 있다. 배경을 이미지로 만드는 방법과 다양한 오브젝트를 배치하는 방법과 오브젝트에 다른 사이트를 연결하는 방법을 함께 살펴보려고 한다.

2) 배경 이미지 넣는 방법, 바닥, 벽 꾸미기 알기

왼쪽 2번째 망치 모양의 아이콘을 클릭하거나 설정의 가장 하단 부분을 클릭하면 맵에디터로 들어가서 편집이 가능하다.

바닥, 벽, 오브젝트, 상단 오브젝트, 타일효과 메뉴와 도장, 지우개, 화살표, 스포이드는 동시에 사용하는 메뉴이다. 예를 들어 바닥버튼을 클릭 후 도장을 눌러야 공간에 바닥배치가 가능하다. 바닥을 지우고 싶으면 왼쪽의 바닥을 누르고 지우개를 눌러 해당 구역을 눌러야 지우는 것이 가능하다. 바닥을 지우고 싶으면 꼭 바닥을 누른 후 지우개를 눌러야 조작이 가능하다. 오브젝트를 배치하고 지우고 싶다면 오브젝트를 누른 후 도장이나 지우개 버튼을 눌러야 가능하다.

바닥과 벽 버튼을 클릭하면 바닥의 모양과 벽 모양을 바꿀 수 있다. 배경 음악 설정하기, 배경화면 설정하기, 앞화면 설정하기도 바닥메뉴에서 가능하다. 바닥은 옆에서 원하는 색깔을 클릭하여 바로 설치가 가능하다. 배경 음악, 배경화면 설정도 가능하다. 세계 여러나라를 탐험할 수 있는 맵을 만들기 위해서 세계지도로 배경화면을 설정해 보도록 한다. 바닥을 누르고 도장을 누르고 원하는 곳을 한번 더 클릭하면 바닥 이미지를 넣을 수 있다. 맵크기도 조정할 수 있다. 최대 타일 개수는 512개*512개이다. 1칸당 하나로 보면 된다.

배경이미지는 배경화면 설정하기를 누르면 내가 가진 이미지를 선택해서 공간에 구현할 수 있다. 세계지도 이미지를 선택하여 클릭하면 세계지도를 표현할 수 있다.

앞화면은 아바타가 그림 아래로 들어가는 효과를 표현할 수 있다. 건물 속에 들어가거나 어떤 공간에 들어가는 이미지를 효과적으로 표현할 수 있다.

벽을 만들어 설정할 수도 있다. 오른쪽에 원하는 색을 선택한 후, 맵 부분에서 다시 선택하면 확인이 가능하다. 바닥도 마찬가지이다. 원하는 것을 선택하면 더 쉽다. 더 빨리 작업할 수도 있다.

3) 오브젝트 설치하는 방법 알기

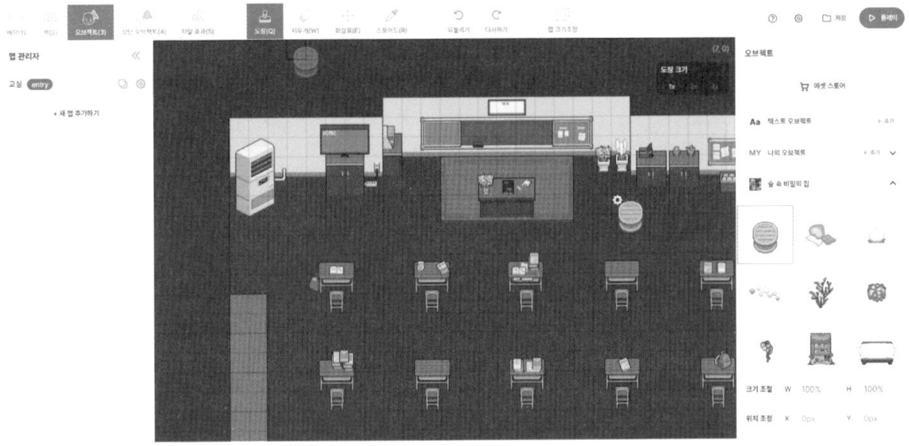

오브젝트는 기본으로 제시되는 것들이 많다. 오브젝트를 클릭하고, 도장을 누르면 넣고 한번 더 클릭하면 다른 사이트와 연결이 가능하다. 에셋스토어를 이용해서 더 다운받을 수도 있다. 오브젝트를 오른쪽에 클릭하고 1, 2, 3, 4, Q, W, E를 활용하여 단축기로 바로 사용할 수도 있다.

오브젝트를 넣고 왼쪽에 뜨는 톱니바퀴 모양의 설정버튼을 누르면 다양한 설정을 할 수 있다. 각각의 기능을 통해 ZEP을 다양하게 설정할 수 있다. 교육용 계정에서는 NFT활용이 불가능하기 때문에 개발자 기능은 거의 사용할 일이 없다. 아래의 표시기능을 활용하면 오브젝트를 활용한 다양한 프로젝트 진행이 가능하다.

오브젝트 설정 ×

표시 기능

오브젝트 이름 표시	오브젝트 상단에 노출되는 이름을 표시
말풍선 표시	오브젝트에 다가가면 말풍선이 표시

웹사이트 기능

새 탭으로 웹사이트 열기	웹사이트를 연결하여 새 탭으로 연결
팝업으로 웹사이트 열기	ZEP 내에서 팝업으로 웹사이트 연결

팝업 기능

텍스트 팝업	원하는 글씨가 팝업으로 뜸
이미지 팝업	설정한 이미지가 팝업으로 뜸
비밀번호 입력 팝업	비밀번호를 입력할 수 있는 창이 팝업으로 뜸 문제와 설명까지 가능(비밀번호를 입력하면 오브젝트 사라지기, 개인에게만 오브젝트 사라지기, 오브젝트 교체, 텍스트 팝업, 이미지 팝업 선택)

개발자 기능

API 호출 (POST)	API 호출 가능
NFT door (ERC721)	NFT를 가진 NFT홀더를 위한 기능
FT door (ERC20)	가상화폐를 가진 FT홀더를 위한 기능
ZEM Door	ZEM을 소모해야 통과 가능한 문을 설치
Token Door	토큰을 소모해야 통과 가능한 문을 설치

상단오브젝트는 다른 오브젝트 위에 설치되는 오브젝트다. 오브젝트를 설치하는 방법과 설정하는 방법 모두 동일하다. 다른 오브젝트 위에 덮듯이 설치된다.

타일효과는 각 타일에 효과를 줄 수 있다. 오브젝트가 각 이미지에 설정을 한다면, 타일은 공간 자체에 효과를 주는 것이다. 타일효과를 주어 다른 공간으로 이동하거나 실제 통과하지 못하는 구간을 정해 실제감을 높일 수 있다.

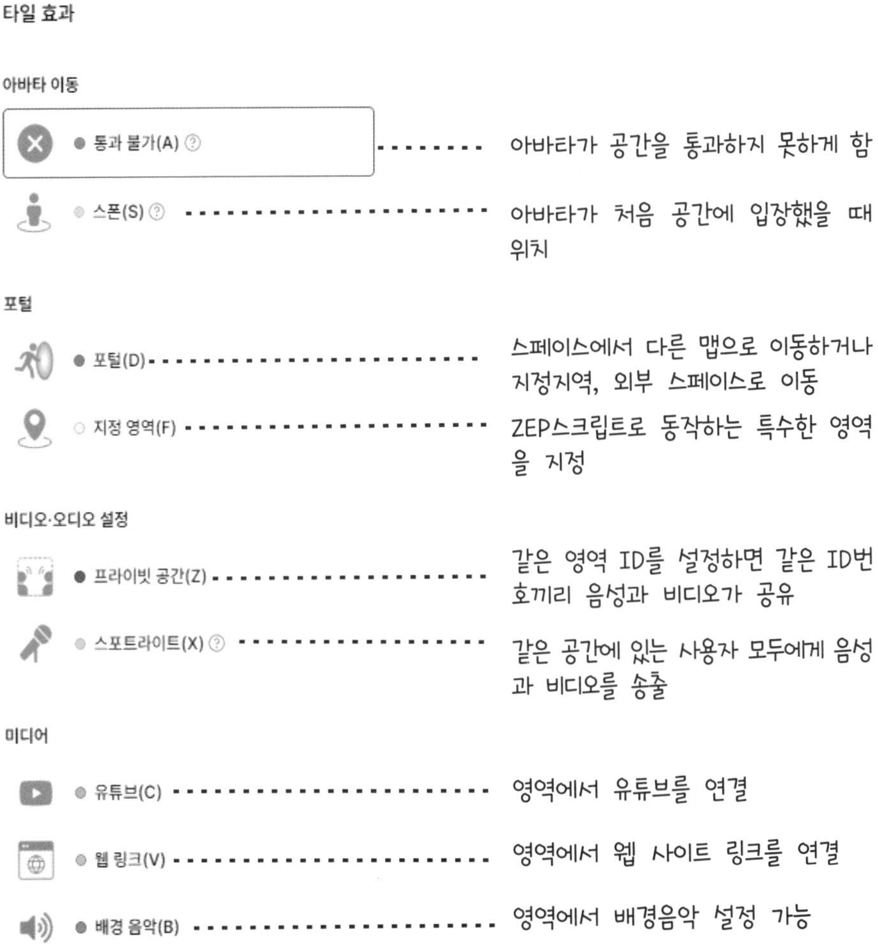

바닥-벽-오브젝트-상단 오브젝트-타일효과의 순서대로 작업하면 맵을 만들기 수월하다. 오른쪽 상단의 플레이 버튼을 누르면 맵으로 돌아가 실제 작동되는 모습을 볼 수 있다.

4) 아이들과 함께 맵을 꾸미는 방법 안내

아이들과 맵을 꾸미기 위해서는 아이들을 관리자로 지정하는 게 필요하다. 관리자로 지정하게 되면 아이들의 모습을 직접 볼 수 있다. 스페이스 설정에서 관리자를 클릭하여 아이들 메일 주소를 추가해주면 아이들이 에디터로 활동할 수 있다. 그 전에 다른 사람들이 만든 아이템 건들지 않기 등 다양한 약속을 정하는 것이 필요하다.

스페이스 설정하기에 들어가 플레이어 초대하기에 관리자로 지정되기를 원하는 플레이어의 이메일을 입력한다. 멤버로 설정하여 입장을 자유롭게 할 수 있고, 에디터로 설정하여 맵을 편집하는 권한을 줄 수 있다. 스태프로 설정하여 스포트라이트를 주고 활동을 할 수 있는 권한을 줄 수 있고, 관리자 권한을 주어 맵 전체를 관리할 수 있도록 할 수 있다.

④ ZEP 3단계-수업하기

위와 같은 단계를 따르면 ZEP의 기본적인 활동을 할 수 있다. 다른 웹도구를 활용하면 훨씬 풍성한 수업이 가능하다. 구글 사이트와 유튜브 스트리밍을 통해 아이들이 수업을 진행할 때 보다 원활하게 진행할 수 있다.

1) 구글 사이트로 안내 자료 만들기

구글 사이트는 사이트를 손쉽게 만드는 도구이다. 아이들의 활동내용을 정리하고, ZEP을 만드는 과정을 공유할 수 있다. sites.google.com에 들어가서 ＋버튼을 누른다. 그럼 구글 사이트 제작이 가능하다.

제일 상단에 마우스를 가져가면 이미지 변경, 재설정, 머리글 유형이 나온다. 이미지 변경을 클릭하여 메타버스에서 활동하는 장면을 배경으로 깔고, 관련 제목을 상단에 삽입한다.

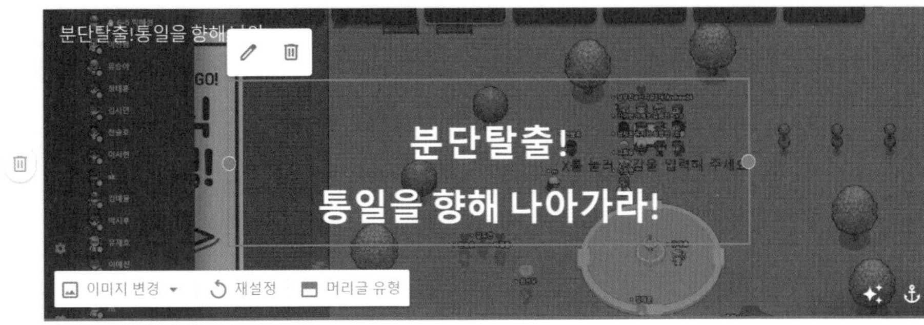

그 후 삽입을 눌러 텍스트 상자를 클릭한다. 텍스트 상자에 마우스를 가져가면 글자의 색깔, 모양을 바꿀 수 있다. 주요 활동을 쓴다.

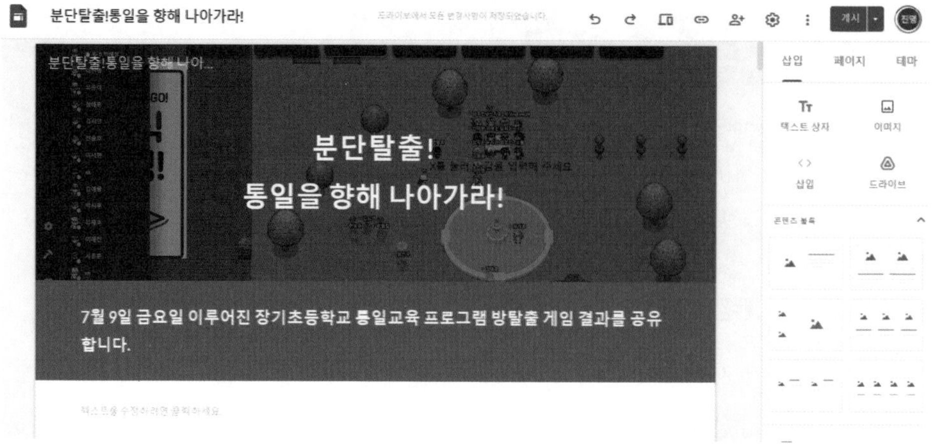
분단탈출!통일을 향해 나아가라!
게시
삽입
페이지
테마
텍스트 상자
이미지
삽입
드라이브
분단탈출!
통일을 향해 나아가라!
7월 9일 금요일 이루어진 장기초등학교 통일교육 프로그램 방탈출 게임 결과를 공유합니다.

그 외에 이미지나 링크를 삽입할 수도 있다. 오른쪽 상단의 게시를 누르면 아래와 같은 웹페이지 형태로 볼 수 있다.

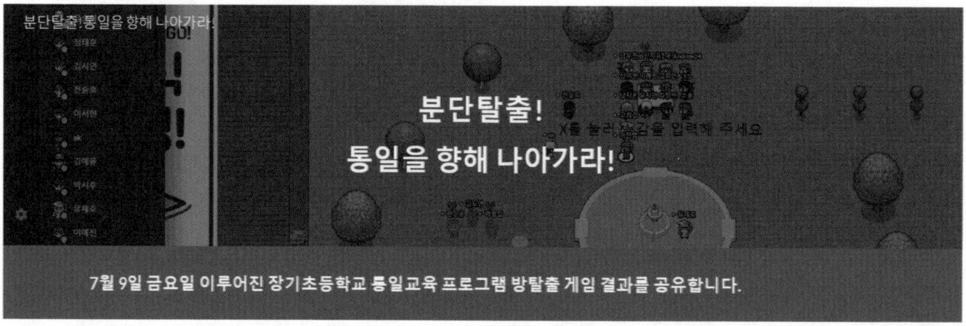
분단탈출!통일을 향해 나아가라!
분단탈출!
통일을 향해 나아가라!
7월 9일 금요일 이루어진 장기초등학교 통일교육 프로그램 방탈출 게임 결과를 공유합니다.

아래 그림을 누르면 학생들이 직접 만든 분단탈출 게더타운에 접속할 수 있습니다.

게더타운 방탈출 게임으로
통일교육을?
분단탈출!
통일을 향해 나아가라!
퀴즈를 찾아라!!
탈출하면
무엇이 있을까?

게더타운 활동과 동시에 진행된 학생들이 진행한 유튜브 스트리밍도 시청 가능합니다.

게더타운
휴대폰이라
퀴즈를 못풀면
여기를 눌러요!
유튜브 스트리밍으로 함께 방송됩니다!
e학습터 구글 설문으로 들어오세요!

활동 내용 기사

장기초등학교 인터넷신문

6학년

장기초 '분단탈출! 통일을 향해 나아가라!' 게더타운 통일교육 방탈출 활동 실시

활동내용 기사, ZEP링크 등을 함께 연결하면 보다 풍성한 수업이 가능하다.

2) 유튜브 스트리밍으로 ZEP 수업 장면 송출하기

유튜브 스트리밍을 하면 ZEP에 접속하지 못하는 사람들도 함께 영상과 체험을 공유할 수 있다. 스트림야드나 OBS스튜디오를 통해 스트리밍을 하면 훨씬 풍성한 수업이 가능하다. 추후 기록도 함께 남길 수 있기 때문에 유튜브 스트리밍을 ZEP과 함께 시도해 보는 것을 추천한다.

아래 영상을 보고 새롭게 알게 된 단어 2가
지를 쓰세요.
18:44 / 1:21:32

Chapter 03

게임 기반 메타버스, 로블록스/ 마인크래프트

Chapter 03

게임 기반 메타버스, 로블록스/마인크래프트

게임을 기반으로 한 메타버스

1 게임의 발전과 메타버스

디지털 기기와 매체의 발전은 게임의 발전과 함께한다. 게임이 등장한 이후, 대부분의 사용자 수요는 게임과 같은 콘텐츠로 집중되었다. 개발자는 우리가 접하는 콘텐츠를 더욱 실재감 있게 구현하려고 노력했고, 이는 디지털 기기와 매체의 발전으로 이어졌다. 디지털 기기와 매체의 기능이 발전하면서 자연스레 개발 가능한 콘텐츠의 종류도 확장되었다.

우리가 묘사할 수 있는 범위가 상하좌우의 2차원적 캐릭터일 때는 퍼즐 형식의 게임이 주를 이루었다. 반면 3차원 캐릭터의 다양한 행동, 날씨의 변화까지 표현할 수 있는 지금은 상상하고 경험하는 대부분을 구현할 수 있는 게임이 출시되고 있다. 하나의 캐릭터를 조작하던 것에서 나아가 이제는 여러 캐릭터를 동시에 조작하기도 하며, 고성능 스마트폰을 이용해 손 안에서 고사양 게임을 즐기거나 심지어는 VR, AR 콘텐츠를 이용하기도 한다. 콘텐츠와 기기의 발전이 상호보완적으로 이루어진 것이다.

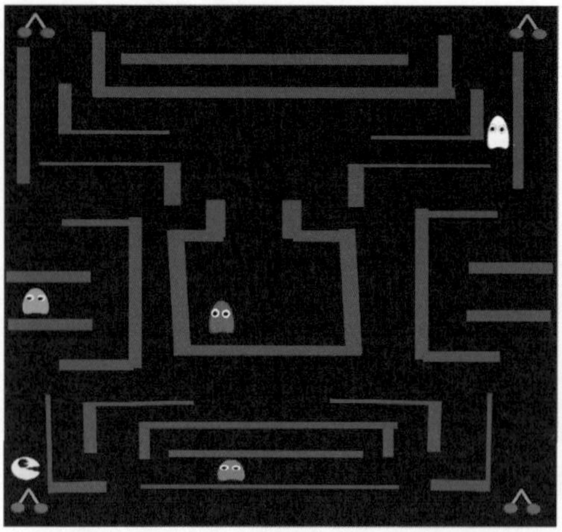

〈상하좌우로 움직여 귀신을 피하는 초창기 2D 게임 팩맨(좌)과
하루 햇빛의 변화까지 구현한 3D게임 마인크래프트(우)〉

메타버스의 발전도 게임의 발전과 떼어놓고 이야기할 수 없다. 대표적인 메타버스는 대부분 게임을 기반으로 하여 성장했기 때문이다. 일반 이용자 대부분의 수요를 생각하면 당연한 현상인데, 가상 공간에서 또 다른 내가 되어 게임을 즐기는 모습이 많은 영화나 소설에서 자주 등장하는 것도 메타버스와 게임의 연관성을 보여준다. 실제로 가장 많은 이용자를 보유한 메타버스 플랫폼을 꼽자면 5개 중 3~4개는 게임 플랫폼이다. 그리고 그 3~4개 중 2개가 바로 로블록스와 마인크래프트이다.

2 sandbox형 게임

그 시대를 풍미하는 대표 게임이 아니더라도, 게임이라는 콘텐츠를 접하지 않은 사람은 없을 것이다. 만약 매체를 기반으로 한 게임이 아니더라도 보드게임, 레크리에이션 등 우리가 접할 수 있는 게임의 종류는 무척 다양하다. 일반적으로 게임에는 모든 플레이어에게 공통으로 적용되는 목표가 있다. 가령 축구팀을 만들어 우승으로 이끌든지, 상대방의 건물을 파괴한다든지, 카드나 토큰을 많이 모으거나, 모든 퍼즐 조각을 맞추거나. 그 과정에 이르는 방법이나 전략은 달라질 수 있지만, 게임의 목표가 달라지지는 않는다.

〈기존의 목적이 뚜렷한 게임들. 보드게임, 퍼즐, 콘솔 게임, PC게임 모두 뚜렷한 목표가 제시〉

sandbox형 게임은 이 개념에서 벗어나는 것으로부터 시작한다. 특정 목표를 제시하지도 않고, 플레이어에게 어떠한 것을 요구하지도 않는다. 이러한 게임은 말 그대로 모래 놀이터의 방식과 연관이 있어 sandbox형 게임이라고 부른다. 우리가 어릴 적 놀던 모래 놀이터에는 아이들이 꼭 지켜야 하는 룰이 없다고 봐도 무방하다. 누군가는 자신들만의 성을 만들 수도 있고, 각자의 왕국에서 역할 놀이를 하든, 땅따먹기를 하든 상관이 없다. 심지어는 성 대신 땅을 파서 굴을 만들 수도 있듯 sandbox형 게임에서는 player의 상상력만이 한계로 작용한다.1)

〈모래 놀이터(sandbox)〉

기존의 게임이 제작자가 의도한 줄거리를 가지고 게임 클리어라는 최종 목표를 제공한다면, sandbox형 게임은 특정 목표 대신 무한한 가능성을 제공한다. 목표에 도달하는 대신 모래 놀이터처럼 참여자가 직접 새로운 환경을 구축하고 놀이를 창조하여 즐기도록 고안된 것이다. 로블록스와 마인크래프트는 대표적인 sandbox형 게임이다. 즉, 로블록스와 마인크래프트는 모래 놀이터에서 아이들이 자유롭게 구조물과 놀이를 창작하듯 player가 자유롭게 환경과 게임을 창작할 수 있는 게임이다. 이 게임에서 player는 곧 editor이자 director이다.

---

1) 마인크래프트 공식소개 영상 내 대사

3 교육적 관점에서 본 sandbox형 게임

로블록스와 마인크래프트는 일단은 게임이기 때문에 교육 현장에 적용하는 모습을 떠올리기 어려울 수 있다. 물론 기존 게임이라면 그 자체가 교훈을 포함하고 있거나 일부 장면, 상황을 편집해서 이용하지 않는 한 실제 적용이 어렵다. 교훈을 포함하고 있더라도 대체적으로 전통 게임에서 player에게 요구하던 것은 목표를 파악하고 해결 방법을 훈련 및 연습하는 것이다. 퀘스트를 수행하거나 상대보다 높은 수준의 전략이나 조작을 구사하는 것이 우리가 게임을 할 때 필요했던 대부분이다.

그렇다면 교훈을 포함하고 있는 게임을 통해 학생들에게 배움을 유도하기 위해서 연습 시간을 제공할 수 있을까? 전통 게임에서 player에게 요구하는 훈련이나 연습 시간은 배움과의 관련성이 현저히 떨어지기에 학교 수업에서 진행하기에는 무리가 따를 수밖에 없다. 그러나 sandbox형 게임은 주어진 목표가 없으며 플레이어가 직접 목표와 관련된 환경을 구축할 수 있다. 예를 들어 문학 수업 중 인물을 간접 체험하는 목표를 세운다면, 이를 위해서 주위 환경과 인물을 교사와 학생이 구축할 수 있는 것이다. 지리 수업을 위해 국내 혹은 국외의 환경을 구축하여 새로운 문화를 함께 탐방하는 것도 가능하다.

sandbox형 게임에서 배움을 위해 게임 내 환경, 목표를 직접 설정해 가는 과정은 그 자체로 교육적 의미를 가진다. 일종의 프로젝트 수업을 위해 준비하는 과정에서 배움이 일어나는 것처럼, 메타버스 내에서 수업을 위해 준비하는 과정에서도 배움이 일어난다. 교사 혹은 학생들은 player가 되어서 메타버스 내에서 자유롭게 새로운 세상을 창조하고, 그 세계를 간접적으로 체험하게 된다.

이해와 암기를 강조하는 교육에 대한 비판 의식은 오랜 시간 이어져 왔고, 창의성과 체험을 강조하는 교육으로의 변화는 피할 수 없는 시대적 요구이다. 로블록스와 마인크래프트는 이러한 교육의 변화와 어깨를 나란히 하고 있으며 무엇보다도 게임을 기반으로 하기 때문에 흥미를 내포하고 있다. 학생들의 흥미나 동기를 유발하는 것은 학습에 있어서 매우 중요한 부분이고 지금 이루어지고 있는 많은 교육 상황에서도 선생님들은 학생들의 흥미를 유발하기 위해 다양한 활동을 계획하고 있다. 일반적으로 수업이 학생들의 동기 유발을 위해 특정 활동을 필요로 했다면, 게임은 매체의 특성상 그 자체로 흥미를 내포하고 있으므로 자연스럽게 학생들의 참여 동기를 유발할 수도 있다.

	전통 게임	로블록스, 마인크래프트
목표	특정 목표↑ (스토리 또는 게임 클리어가 주된 목표)	특정 목표↓
특징	목표 파악 능력, 해결 방법의 훈련이 필요	-자유, 창조(창작) 능력 필요 -체험성 부각
교육 시사점	이해, 답을 찾는 교육 → 학생의 창의성과 체험을 강조하는 교육으로의 변화와 어깨를 나란히 함.	

메타버스로서의 로블록스와 마인크래프트

1 로블록스

로블록스는 Interactive Physics라는 미국의 교육용 물리 시뮬레이터에서 시작되었다. 당시의 개발자들은 학생들이 해당 프로그램으로 물리 실험뿐만 아니라 다양한 시도를 하는 점에 착안하여 실제로 더욱 자유롭게 게임을 만들 수 있는 프로그램을 개발하였고, 2006년 로블록스가 출시되었다. 로블록스라는 메타버스 안에서 플레이어들은 직접 게임 세계를 구축할 수도 있고, 다른 플레이어가 만든 수만 가지의 게임에 참여할 수도 있다.

로블록스는 하드웨어와 비교하자면 오락실에 설치된 게임기, 소프트웨어와 비교하자면 스마트폰의 스토어에, 그리고 실제 세계에 비유하자면 백화점에 비교할 수 있다. 오락실에서 같은 모양의 게임기로 여러 다른 게임을 할 수 있거나 스마트폰의 스토어에서 여러 애플리케이션을 내려받아 사용할 수 있는 것처럼, 비슷한 형태의 백화점 구역마다 다른 브랜드가 입점해있는 것처럼, 로블록스는 로블록스라는 메타버스 안에서 여러 종류의 게임에 참여할 수 있게 해준다.

〈로블록스에서 제공하고 있는 게임 목록(좌), 직접 게임을 개발할 수 있는 로블록스 스튜디오(우)〉

2 마인크래프트

스웨덴에서 제작된 마인크래프트는 디지털 레고라는 이름으로도 유명한데, 블록 형식의 오브젝트를 채굴하여 자원을 모으거나, 모은 자원을 활용해 직접 블록을 쌓아서 상상한 모습을 구현하는 게임이다. 로블록스가 그 안에서 다양한 종류의 게임을 즐길 수 있는 게임 플랫폼이라면, 마인크래프트는 그 자체가 하나의 게임이라고 볼 수 있다. 특정한 모드가 아닌 이상은 어떠한 목적도 없기 때문에 참여자가 스스로 특정 지역을 탐험해보거나, 희소한 자원을 모아서 자신이 원하는 건물이나 물건을 만드는 등의 목표를 설정하기도 한다.

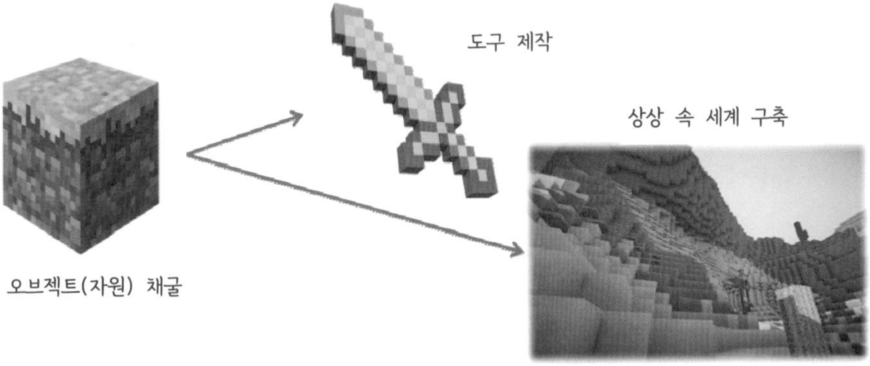

3 결제

로블록스는 기본적으로 무료로 서비스되고 있으며, 마인크래프트는 연 5$[2]의 비용을 지불하고 교육용 에디션을 이용할 수 있다. 해당 에디션은 교육에 활용 가능한 기능, 특히 코딩과 학생 관리 기능이 부각되어 있으며 학교에서 구매한 교육용 관리자 계정을 통해 학생들의 계정을 발급해줄 수 있다. 무료 계정은 25회의 로그인 제한이 있으니, 이를 교육에 활용해보고 추후 이용 여부를 고민해볼 수 있다.

로블록스는 해당 메타버스에서 사용할 수 있는 로벅스라는 화폐가 존재한다. 이 로벅스는 일반적으로 결제를 통해 얻을 수 있는데, 직접 게임이나 아이템을 제작하여 판매함으로써도 얻을 수 있다. 즉, 다른 이용자가 결제한 로벅스를 나의 저작물을 이용한 대가로 받는 것이다. 로벅스는 자신의 아바타를 꾸미는 액세서리나, 게임에 유용한 아이템을 구매하는 데에 사용할 수도 있고, 유료 전용 게임에 입장하는 데에도 이용된다. 로벅스가 있어야만 로블록스를 즐길 수 있는 것은 아니기 때문에 로블록스를 접하는 학생들에게는 관련된 사전 교육이 필수적이다.[3]

4 채팅과 에티켓

로블록스와 마인크래프트 모두 채팅 기능을 지원한다. 같은 공간에 참여한 학생들은 이를 통해 소통할 수 있으며 로블록스는 음성 채팅 기능도 지원하긴 하지만 만 13세 미만의 학생들은 따로 보호자의 인증이 있어야 이용할 수 있다. 마인크래프트의 경우에는 음성 채팅 기능은 따로 제공하지 않기 때문에 음성 대화를 위해서는 다른 프로그램과 함께 사용해야 할 필요가 있다.

로블록스는 어린 학생들도 쉽게 가입할 수 있고, 다른 이용자들과의 만남에 노출될 수 있기 때문에 이에 따른 보호 조치를 제공한다. 만 13세 미만 이용자의 계정은 보호자의 동의 없이 음성 채팅 기능을 이용할 수 없을 뿐만 아니라 서로 친구로 등록한 이용자끼리만 채팅할 수 있으며, 강화된 비속어 필터, 연령별 콘텐츠 제한이 적용된다. 영화관에서 상영하는 영화들이 관람 연령이 정해져 있는 것처럼, 로블록

2) 2022년 2월 기준
3) 로벅스가 게임 내에서 유용한 경우가 많아 사기에 노출될 우려도 있다.

스에서 참여할 수 있는 게임마다 참여 연령이 정해져 있는 것이다. 이러한 안전장치를 통해서, 학생들이 메타버스 게임을 이용하다가 생길 수 있는 문제를 미연에 방지하려 하지만 그렇다고 해도 학생들에게 올바른 이용을 위한 사전교육은 필수적이다.

로블록스와 마인크래프트를 교육에 활용한다면 학생들이 교육 상황뿐만 아니라 개인적으로도 해당 플랫폼을 건전하게 이용할 수 있도록 교육이 필요하다. 메타버스 이용과 관련하여 숙지해야 할 에티켓은 다음과 같다.

[채팅이나 대화 시에 주의해야 할 기본적인 에티켓]

① 특정 대상이나 집단을 차별하는 발언을 하지 않는다.

② 비속어나 욕설, 음담패설을 하지 않는다.

③ 게임을 이용하는 경우 시간을 정하여 일상생활에 지장이 가지 않도록 한다.

④ 채팅이나 개인 메시지로 전송된 링크를 함부로 클릭하지 않는다.

⑤ 평소에 알던 사람이라고 해도 개인정보를 알려주거나, 무리한 요구, 금전적인 부탁을 들어주지 않는다.

⑥ 특정 아이템이나 로벅스를 준다며 개인정보를 요구하거나 사이트의 접속(가입)을 유도한다면 절대 따르지 않는다.

⑦ 로벅스는 이와 같이 생겼으며( ) 체험 내에서 결제 외의 다른 방법으로는 얻을 수 없으므로 해당 표시가 있는 콘텐츠를 함부로 터치, 클릭하지 않는다.

〈로블록스 결제창〉

로블록스나 마인크래프트도 큰 범주에서는 게임에 해당하기 때문에, 학생들이 자제력을 잃고 무분별하게 이용하지 않도록 계획적으로 이용할 필요가 있다. 또한 메타버스 내에서는 자신에게 직접 위해를 가하지 못한다는 생각에 안전에 불감해지는 경우가 생기기도 하는데, 무심코 링크를 클릭하는 행동은 개인정보가 유출, 기기에 악성 바이러스 침투 등의 불상사로 이어질 수 있다.

온라인에서 만난 사람과 친하게 지냈다고 해서 쉽게 신뢰하는 것은 사건으로 이어질 수 있다. 만약 평소에 알던 친구라고 해도, 그 친구의 계정이 해킹당했을 수도 있고, 다른 사람이 친한 친구라고 사칭하는 경우일 수도 있다. 따라서 기존에 알던 사람이라고 하더라도 개인정보, 무리한 요구, 금전적인 부탁은 절대 들어주지 않는 것이 좋다.

⑥과 ⑦은 플랫폼 내의 화폐가 존재하는 로블록스와 관련하여서 추가로 지켜야 할 메티켓이다. ⑥은 ④와도 그 맥락을 함께 하는데, 개인정보는 어떠한 경우에도 알려주면 안 되며, 접속만으로도 문제가 생길 수 있는 사이트가 많다는 것을 꼭 알려주어야 한다.

로블록스와 마인크래프트 모두 전 세계의 사람들과 함께 이용하는 플랫폼이기 때문에 해킹, 바이러스 유포 등의 범죄에 노출되는 경우 범인을 잡고 보상받기가 무척 어렵다. 물론 범죄가 저질러지지 않도록 하는 것이 우선이지만, 모든 범죄 가능성을 배제할 수는 없기 때문에 이용하는 학생들을 보호하기 위해서는 이러한 교육이 꼭 필요하다.

⑦은 의도하지 않은 결제를 방지하기 위한 규칙이다. 게임이나 아이템을 개발하고, 제공하는 이용자 입장에서는 결제가 이루어져야 수익을 얻고 더 질 좋은 저작물을 만들어낼 수 있다. 물론 질 좋은 저작물에는 합당한 후원이 뒤따라야 더 좋은 메타버스 생태계가 유지되겠지만 아직 경제 관념이 익숙하지 않은 학생들이 잘 모르고 결제하는 상황은 방지해야 한다.

로블록스 수업에 활용하기

1 로블록스 접속하기

로블록스는 앞서 언급했듯, 무료로 이용할 수 있고 회원가입 절차가 단순하기 때문에 처음 접하는 학생들에게 진입장벽이 낮다. PC의 경우, 공식 홈페이지에 접속해서 회원가입과 실행 프로그램 다운로드를 진행할 수 있다. 포털 검색창에 로블록스를 검색해도 되며, roblox.com에 직접 접속해도 된다.

모바일의 경우, 앱스토어나 플레이스토어에서 애플리케이션을 내려받을 수 있다. 애플리케이션을 실행하면 첫 화면에서 간단한 회원가입을 거쳐 접속할 수 있다.

〈로블록스 PC 접속 화면(좌)와 모바일 접속 화면(우)〉

회원가입 시 입력해야 하는 정보는 생년월일, 사용자 이름, 비밀번호이며 필수이진 않지만 선택 사항으로 성별을 입력할 수도 있다. 특히 초등 교육에서는 학생들이 회원가입 할 때 생년월일을 실제와 다르게 입력하지 않도록 지도할 필요가 있다. 그래야만 만 13세 미만 이용자 계정 보호 조치를 받을 수 있기 때문이다. 일반적으로 생년월일은 계정을 만들고 난 뒤에도 수정 가능한데, 처음에 생년월일을 만 13세 미만으로 입력하면, 보호 조치로 인해서 임의로 생년월일을 바꿀 수 없게 된다. 이는 어린이들이 플랫폼을 자유롭게 즐기고 싶은 마음에 본인의 나이가 더 많은 것으로 조작하여 계정을 이용하는 경우를 미리 방지하는 데 필요하다. 만 13세 미만 이용자 보호 조치는 다음과 같다.

① 생년월일 임의 변경 불가
② 강화된 비속어 필터링
③ 연령별 콘텐츠 이용 제한
④ 음성 채팅 기능 제한
⑤ 친구로 등록된 이용자 간의 채팅만 가능

또한 회원가입 시 정하는 사용자 이름은 메타버스상에서 아바타와 함께 계속 노출되는 일종의 ID이므로 실명 사용을 지양해야 한다. 실명을 사용하는 경우, 교육 상황이 아니라 개인적으로 로블록스 콘텐츠를 이용할 때 학생의 이름이 타인에게 노출될 수 있기 때문이다.

〈로블록스 회원가입 화면 pc(좌), 모바일(우)〉

2 로블록스 기본 메뉴 및 조작 방법

계정을 생성하고 로그인하게 되면 이용자들이 만든 다양한 콘텐츠를 찾아볼 수 있다. 보통 '가장 주목받는 체험'이 메인 화면 상단에 표시가 되며, 번역된 메뉴에서 콘텐츠들, 즉 게임들은 '체험'으로 묘사된다.

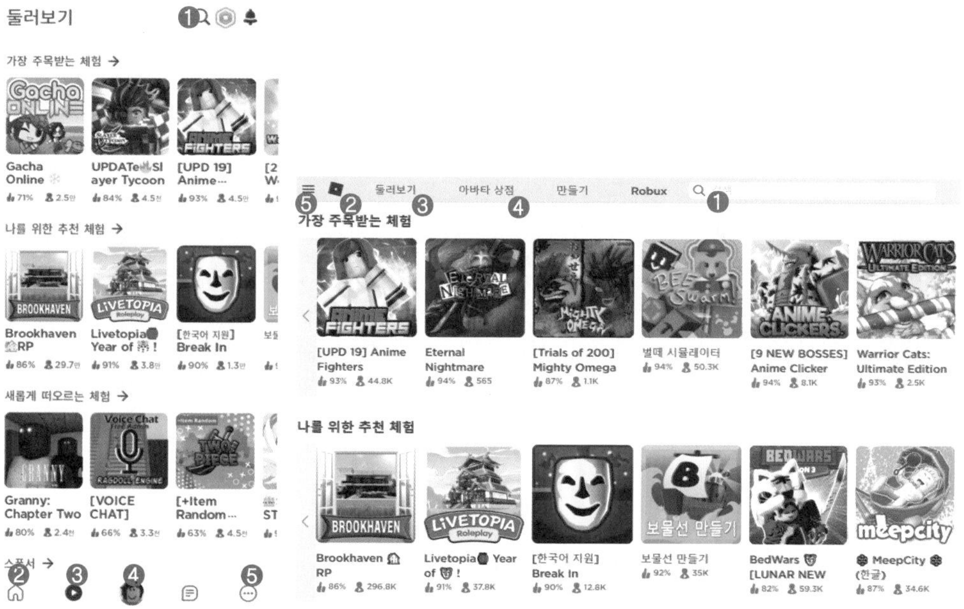

〈로블록스 모바일 메인화면(좌), pc메인화면(우)〉

① 검색: 원하는 게임 관련 키워드를 입력하여 검색

② 홈: 친구, 최근에 플레이한 게임 등이 나열

③ 둘러보기: 주목받는 체험, 추천 체험 등이 나열

④ 아바타(상점): 로벅스로 아이템을 살 수 있는 메뉴

⑤ 더보기: 모든 메뉴를 한 번에 모아 볼 수 있는 메뉴

원하는 체험을 찾았다면, 해당 체험에 접속하여 플레이할 수 있다. 체험(콘텐츠)마다 제작자의 의도가 반영되므로 조작 방법이 조금씩 다르기도 하지만, 대체로는 비슷하게 구성되어 있다. 더 나아가 조작법이 대부분 단순하기 때문에 조작 설정을 임의로 바꾸는 기능은 제공하고 있지 않다. 스마트폰을 좌/우로 2분할 하였을 때 좌측은 아바타 이동, 우측은 카메라 전환이다.

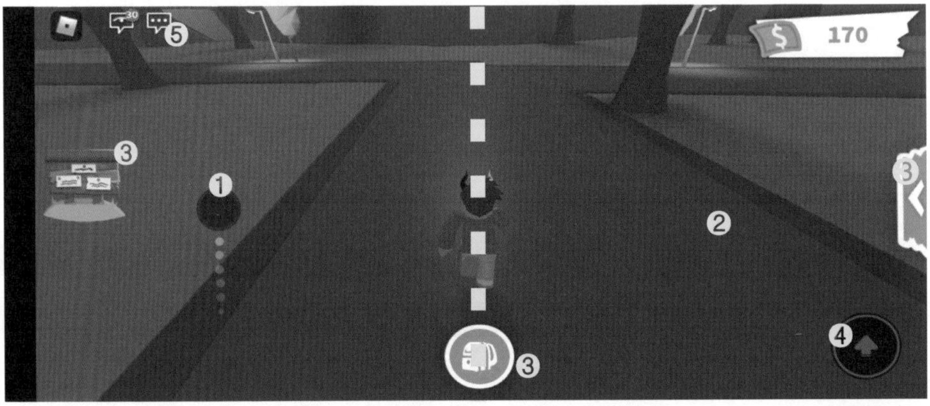

〈로블록스 플레이 화면〉

	스마트폰	PC
① 아바타 이동(화면 좌측)	터치&드래그하여 원하는 방향으로 이동	키보드 방향키 및 W, A, S, D
② 카메라 전환(화면 우측)	터치&드래그하여 바라보는 방향 조절	마우스 우클릭+드래그
③ 도구	터치/클릭하여 기능, 아이템 서랍 열기	
④ 점프	터치하여 점프	space bar
⑤ 채팅	터치/클릭하여 채팅창을 활성화	

모바일 게임의 기본적인 구성과 비슷하므로 모바일 게임을 한 번이라도 접해본 적이 있다면 쉽게 적응할 수 있다. 특히 스마트폰 이용이 능숙한 학생들의 경우 따로 설명을 덧붙이지 않아도 자유롭게 로블록스를 살펴볼 시간을 주면, 기본적인 인터페이스를 파악하는 경우가 많다. 좌측 상단의 로블록스 모양 혹은 PC의 ESC 버튼을 누르면 Roblox 메뉴가 나오며 해당 메뉴에서는 회원, 설정, 신고, 도움말, 녹화 탭을 확인할 수 있다.

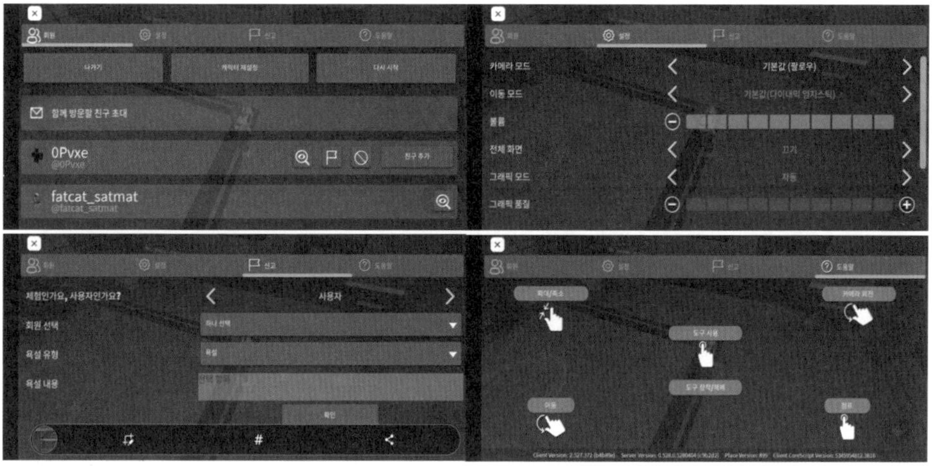

각 탭에서 확인할 수 있는 메뉴는 다음과 같다.

- 회원: 현재 접속한 플레이어 확인 → 신고, 차단, 친구요청
+ 나가기: 현재 플레이 중인 체험에서 나가기
+ 캐릭터 재설정: 직전에 캐릭터가 이동된 지점으로 가기 위해 캐릭터를 초기화
+ 다시 시작: 체험을 처음부터 다시 시작
- 설정: 카메라, 볼륨, 그래픽 설정
- 신고: 체험 혹은 사용자 신고. 체험이나 사용자에게 문제 혹은 부적절한 면이 있다면 신고할 수도 있다.
- 도움말: 조작 방법 확인

3 로블록스 콘텐츠 경험하기-Fire Escape!

출처: FireEscape(로블록스 홈페이지)

이 체험은 화재 안전을 주제로 하여 '대피자 모드', '소방관 모드'로 플레이할 수 있는 게임이다. 대피자 모드의 경우 저층부터 시작하여 중층, 고층, 초고층에서 올바르게 대피하는 상황을 직접 체험해볼 수 있다. 대피 과정에서 화재 시에 지켜야 할 수칙을 지키지 못하는 경우 학생들이 조작하는 아바타가 대피하지 못하고 '부상', '일산화탄소 중독' 등으로 사망하고 말기에 학생들은 화재 현장을 생동감 있게 체험할 수 있다. 화재 시에 강조되는 물수건으로 입 가리기, 닫힌 문 함부로 열지 않기, 구조 요청하기, 층별 적절 대피 방법이 단계별로 자세히 설계되어 있기에 학생들이 화재 안전 수칙을 익히는 데에 무척 유용하다.

1) 대피자 모드

총 4단계로 이루어져 있는 대피자 모드는 저층인 2층부터 시작한다. 소방관 NPC가 어떻게 대피해야 하는지 힌트를 제공하므로 고학년만 되어도 혼자 해결이 가능하다. 다음 활동지를 활용하면 조작 방법부터 탈출 힌트까지 함께 살피며 수업을 진행할 수 있다. 탈출 힌트를 직접 보면 게임 진행이 시시해질 수 있으므로 활동지를 '접는선'을 따라 가로로 접어서 필요한 경우 조금씩 펼쳐가며 힌트를 읽을 수 있도록 하면 된다.

(학교 마크)	가상 확장 세계 탐험부 Fire Escape! [탈출 모드]	○○초등학교 ○학년 ○반 이름:

1. 조작 방법: [상태 확인]으로 문의 상태를 확인한 후에는 어떻게 해야할까요?

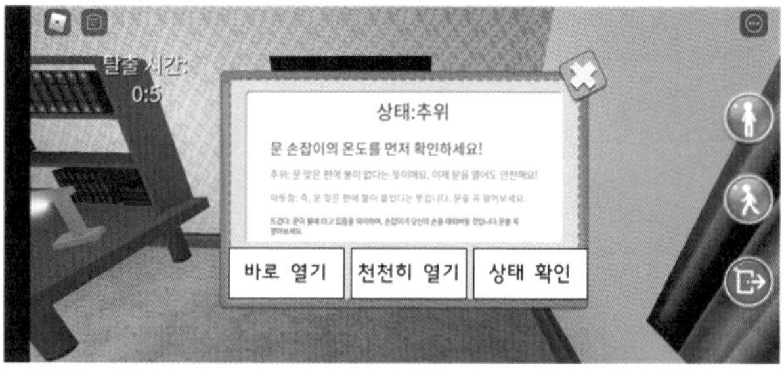

①문 상태 추위 :

바로 열기

②문 상태 따뜻함 :

천천히 열기

③문 상태 뜨겁다 :

문을 절대 열지 않는다.

지금 한글이 보이지만 버튼이 안 보이는 오류가 있습니다. 그림을 참고하여 문을 열 수 있도록 합니다.

수건으로 코와 입 가리기

달리기/걷기

화장실에서 젖은 수건 챙기기! 필수!

---접는 선---

2. 탈출 힌트

〈탈출 모드 활동지〉

2) 소방관 모드

‘소방관 모드’로 플레이하는 경우 제한 시간 안에 정해진 인원을 구출하는 것이 목적이다. 요구조자를 인솔하거나 부축하여 대피 장소로 인도하는 과정에서 아이템 활용과 협력이 중요하다. ‘소화기’ 아이템을 이용하여 불이 번지는 것을 막거나 대피로를 확보해야 하며, ‘도끼’ 아이템을 이용하면 잠긴 문을 부숴 요구조자를 탐색할 수 있다. 많은 소방 인원이 협력하여 문제를 해결해야 하기에 실제 대피 방법을 구체적으로 계획할 필요가 있는 모드이다. 학생들(최대 8명)이 협력적 대피 계획을 수립하면서 화재 대응 방법을 익히도록 하는 데에 무척 유용한 게임이다.

아래 활동지를 통해 아이템을 사용하는 방법과 구조 전략을 세우도록 한다. 전략이 효과적인지 점검할 수 있도록 연습 및 전략 수정의 단계를 거칠 수도 있다.

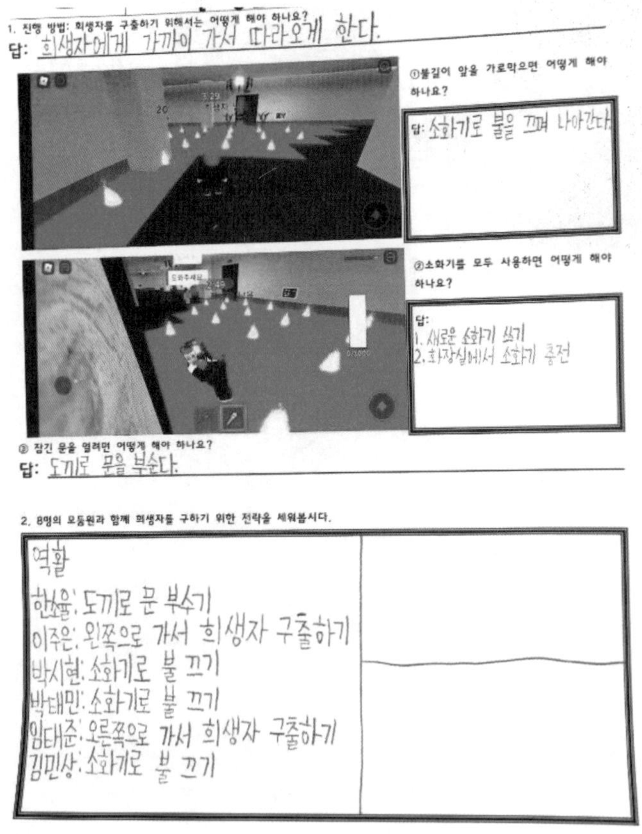
1. 진행 방법: 희생자를 구출하기 위해서는 어떻게 해야 하나요?
답: 희생자에게 가까이 가서 따라오게 한다.

①불길이 앞을 가로막으면 어떻게 해야 하나요?
답: 소화기로 불을 끄며 나아간다.

②소화기를 모두 사용하면 어떻게 해야 하나요?
답:
1. 새로운 소화기 쓰기
2. 화장실에서 소화기 충전

③ 잠긴 문을 열려면 어떻게 해야 하나요?
답: 도끼로 문을 부순다.

2. 8명의 모둠원과 함께 희생자를 구하기 위한 전략을 세워봅시다.

역할
한소율: 도끼로 문 부수기
이주은: 왼쪽으로 가서 희생자 구출하기
박시현: 소화기로 불 끄기
박태민: 소화기로 불 끄기
임태준: 오른쪽으로 가서 희생자 구출하기
김민상: 소화기로 불 끄기

(학교 마크)	**가상 확장 세계 탐험부** **Fire Escape!** **[소방관 모드]**	**○○초등학교** **○학년 ○반** **이름:**

1. 진행 방법: 희생자를 구출하기 위해서는 어떻게 해야 하나요?

답: 가까이 다가가서 희생자가 나를 따라오게 한다.

①불길이 앞을 가로막으면 어떻게 해야 하나요?

답:
소화기를 찾아서 불길을 제압한다.

②소화기를 모두 사용하면 어떻게 해야 하나요?

답:
화장실에 가서 물을 충전한다.

③ 잠긴 문을 열려면 어떻게 해야 하나요?

답: 도끼를 찾아서 잠긴 문을 자른다.

2. 8명의 모둠원과 함께 희생자를 구하기 위한 전략을 세워봅시다.

예) 8명이 이동하는 방향,
건물 배치도(대피로) 파악하기,
n인 1조로 다니기,
담당 구역 정하기 등의 전략을 수립할 수 있도록 한다.

〈소방관 모드 활동지〉

❹ 로블록스 콘텐츠 경험하기-Build it!

이 게임은 간단히 말하여 '블록 쌓기'라고 할 수 있다. 정육면체 모양의 블록을 쌓아서 자신이 원하는 구조물을 만들 수 있는 게임이며 기본이 되는 정육면체의 색깔이나 질감도 다양하게 선택할 수 있어 만들 수 있는 구조물에 생동감이 부여된다.

이용자는 '대결', '자유 건축' 모드를 할 수 있으며 초기 화면에서 친구의 이름을 입력하면 함께 플레이할 수도 있다. 대결 모드에서 10승 이상을 거두면 기능이 추가된 '프로'모드로도 플레이할 수 있다.

자유 건축 모드는 말 그대로 시간이나 주제에 구애받지 않고 자유롭게 원하는 구조물을 만들어보는 것이다. 만든 구조물은 저장하여 언제든 다시 불러오거나 수정할 수 있다.

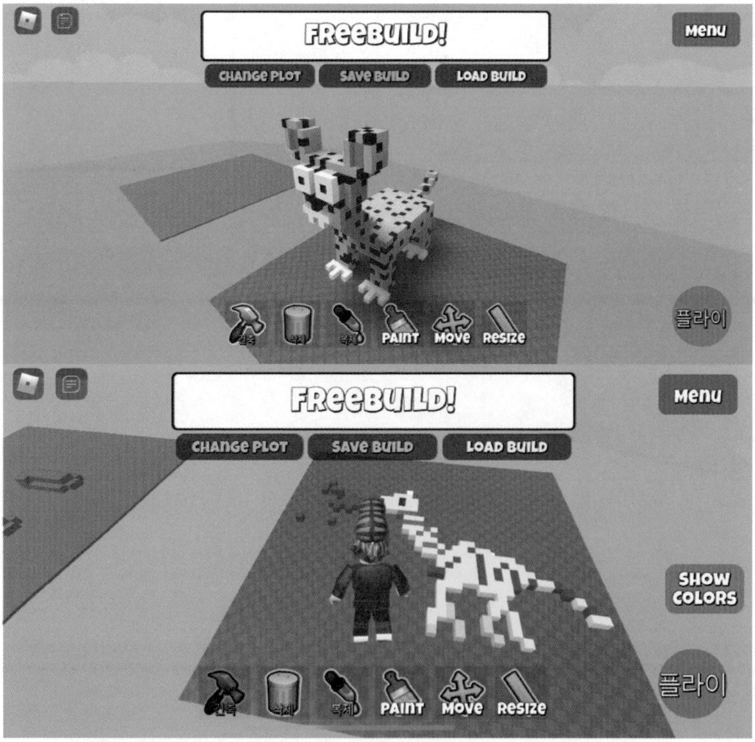

Robux(로벅스)를 이용하여 활용할 수 있는 색이나 질감, 바닥면을 확장하는 것이 가능하며, Build it은 메뉴 대부분이 한글화되어 있다.

5 로블록스 1단계-로블록스 스튜디오 설치

로블록스에서 실행할 수 있는 콘텐츠를 직접 만들려면 Roblox Studio라는 프로그램을 이용해야 한다. Roblox Studio는 Lua라는 프로그래밍 언어를 기반으로 작동하는데, 이는 스크립트로 코드를 직접 짜서 사물의 성질이나 이벤트를 설정할 수 있는 것이다. 블록 코딩보다는 어려울 수 있지만, 기존에 사람들이 만든 코딩을 참조하여 스크립트를 복사 및 수정할 수 있다.

Lua Learning이라는 체험에서 로블록스 스튜디오에서 쓸 수 있는 코딩이 공유되어 있으니 활용 가능하다. 검색란에 코딩하고 싶은 내용의 키워드를 입력하면 관련된 코딩 방법을 사람들이 공유한 것을 볼 수 있다.

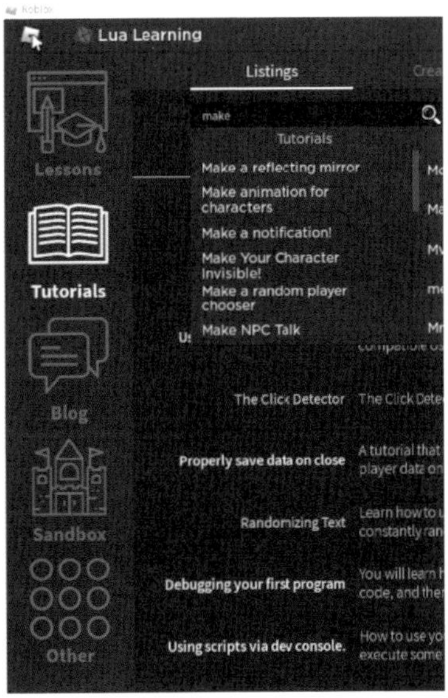

〈로블록스 내 체험 중 하나인 Lua Learning〉

자원을 채집하고, 채집한 자원을 다른 재화로 바꾸는 과정은 게임에서 매우 흔한 과정이다. 이러한 구조는 특히 과학과의 실험 상황에 적용하기 용이한데, 메타버스를 통해 물질의 변화나 실험의 결과물을 직관적으로 보여줄 수 있기 때문이다. 교사가 과학과의 실험을 체험할 수 있도록 설계해둔 메타버스 속에서 학생들은 현상을 실제적으로 이해할 수 있다.

대표적인 식물의 광합성 실험 중 햇빛을 독립변인으로 하는 실험을 로블록스를 통해 구성할 수 있다. 또한 이 체험을 만드는 방법을 조금만 수정하면 과학과 대부분의 실험을 구성할 수 있다. 수업 환경이 여의치 않을 때 메타버스에서 이루어지는 과학 실험을 고려해볼 수 있는 것이다.

해당 게임은 학생들이 햇빛을 받지 않는 식물에게는 물을 떠다 줘도 광합성 산물을 받을 수 없고, 햇빛을 받는 식물에게는 물을 떠다 줬을 때 광합성 산물을 받을 수 있는 간단한 구조를 바탕으로 한다.

〈로블록스에서 자원 채집 게임의 구조〉

〈자원 채집 게임을 수업에 적용하기 전 구상안〉

PC에서 로블록스를 접속했을 때 볼 수 있는 메뉴 중 '만들기' 메뉴를 통해 Roblox Studio를 설치 및 실행할 수 있다.

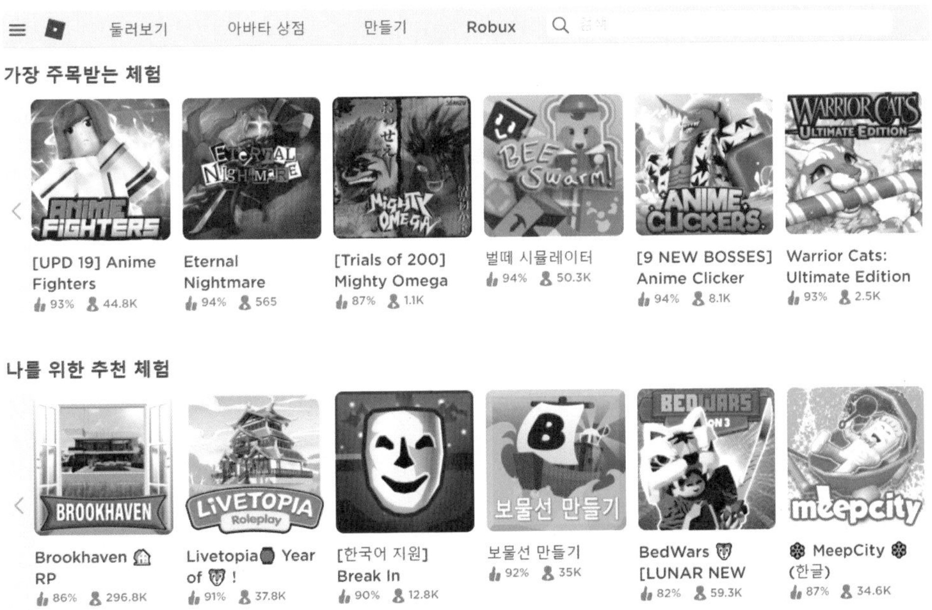

〈설치화면〉

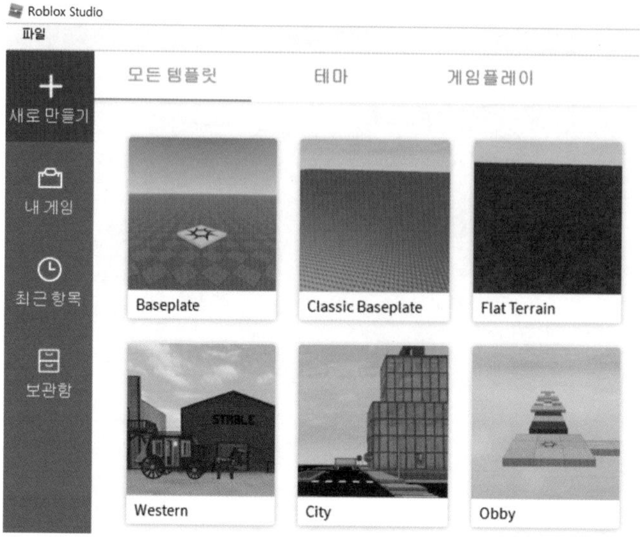

〈로블록스 스튜디오 화면〉

스튜디오에 처음 접속하면 문서 작성 프로그램과 비슷하게 템플릿을 고르는 장면에서 시작한다.

- 모든 템플릿: 기본, 테마, 게임 플레이 템플릿을 모아서 볼 수 있는 템플릿
- 테마: 구조물까지 형성되어 있는 템플릿
- 게임플레이: 게임이 작동하도록 스크립트가 적용된 템플릿

기본 틀만 제공하는 템플릿부터, 구조물이 형성되어 있는 테마 템플릿, 게임플레이에 도움이 되는 스크립트가 적용된 게임플레이 템플릿까지 종류가 다양하다. 로블록스는 플랫폼 전반에 걸쳐 머신러닝을 기반으로 자동 언어 번역을 제공하고 있다. 따라서 게임 내 메뉴뿐만 아니라 로블록스 스튜디오에서도 번역된 표현이 조금 어색할 수는 있다.

6 로블록스 2단계-지형 편집 및 모델링

학생들에게 체험을 제공할 맵을 구성할 때에는 로블록스에서 제공하는 템플릿을 활용해도 되며 자신만의 개성을 담아 직접 만들 수도 있다.

기본 템플릿 중 Flat Terrain을 선택하여 맵을 구축해보도록 하자.

맵 제목 정하기

광합성 조건을 알아보는 실험 환경을 구축하므로 '광합성'으로 지었다.

〈로블록스 스튜디오 초기 화면〉

Flat Terrain을 선택한 초기의 로블록스 스튜디오 화면 상단 메뉴에서 [홈], [모델] 등이 주로 쓰이며 그 아래 메뉴에서 [도구], [지형 편집기], [삽입] 기능이 주로 쓰인다.

지형 구축하기

[지형 편집기]를 선택하면 [만들기], [지역], [편집] 탭을 확인할 수 있다. 편집 탭을 이용하여 원하는 지형을 추가, 삭제할 수 있으며 지대를 높이기, 낮추기, 다듬기, 평탄화도 가능하다. 칠하기를 이용하여 원하는 재질로 지형을 변경할 수도 있다.

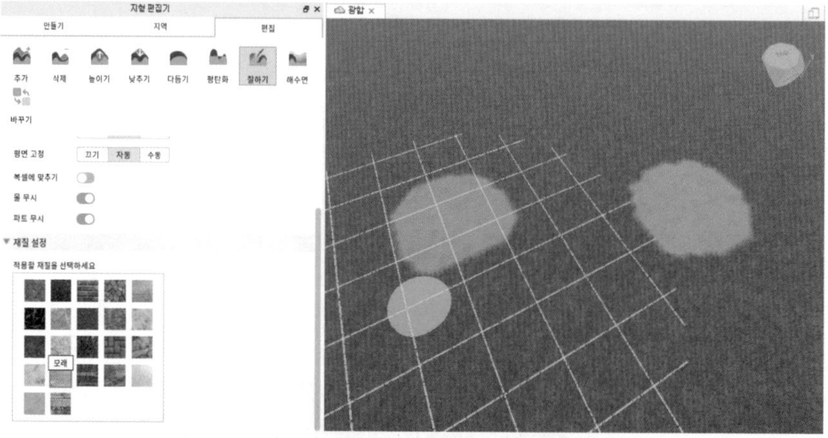

〈로블록스 스튜디오 지형 편집기〉

[칠하기] – [모래] 재질을 선택한 뒤 (햇빛의 유무가 다른) 두 종류의 식물을 심을 자리를 만든다.

지형 추가하기

[추가] – [바위] 재질을 이용하여 한쪽 식물은 햇빛이 닿지 않도록 한다. 로블록스 세계에서는 해가 특정 위치에 고정되어 있으므로 만약 벽으로 그림자를 만들고 싶다면, 햇빛의 방향을 고려해야 한다.

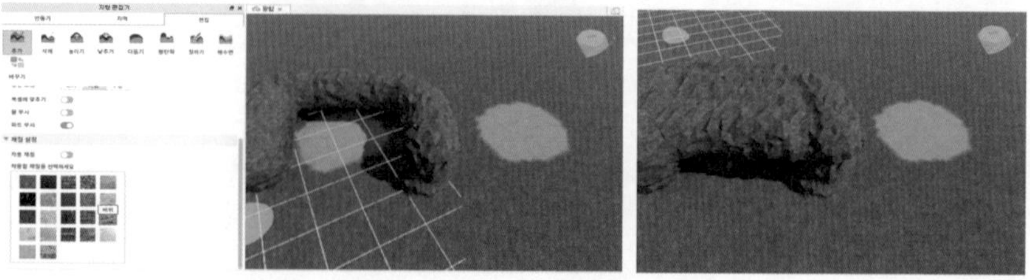

〈로블록스 스튜디오 지형 추가〉

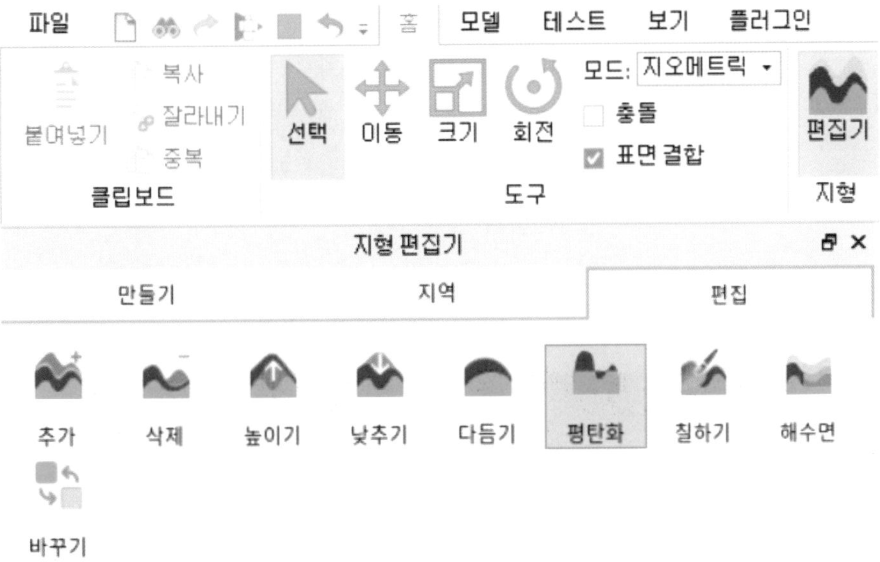

〈높이기, 낮추기, 평탄화 설명〉

식물을 가리는 동굴을 만들다가 실수를 했다면 Ctrl+Z를 통해 되돌리기도 가능하며 [편집]–[평탄화][4] 기능으로 보정하면 된다.

식물, 이산화탄소 배치하기

사물(오브젝트)을 배치하는 방법은 크게 두 가지가 있다.

① 이산화탄소 배치하기: [삽입]-[파트] 기능을 통해 배치하기

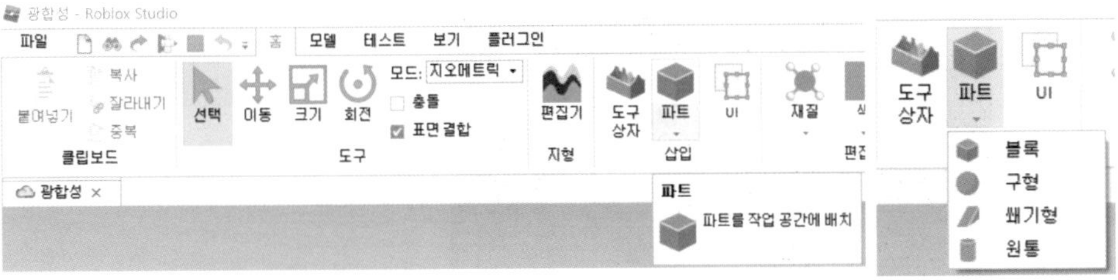

〈[삽입]-[파트]에서 블록, 구형 쐐기형 오브젝트를 배치할 수 있다.〉

4) [삭제], [높이기], [낮추기] 기능으로도 보정 가능하다.

로블록스 스튜디오에서 배치하는 사물은 일반적으로 '파트'로 이루어지며 이 '파트'를 모아서 묶은 것을 '모델'이라고 부른다. '파트'를 하나하나의 블록, 블록을 조립해둔 것을 '모델'로 생각하면 간단하다. 가령 사람 모양의 '모델'을 만들기 위해 팔, 다리, 몸통의 '파트'를 각각 만들어 묶으면 '모델'이 되는 것이다.

〈파트 편집 [도구]. 이동, 크기, 회전 편집이 가능하다.〉

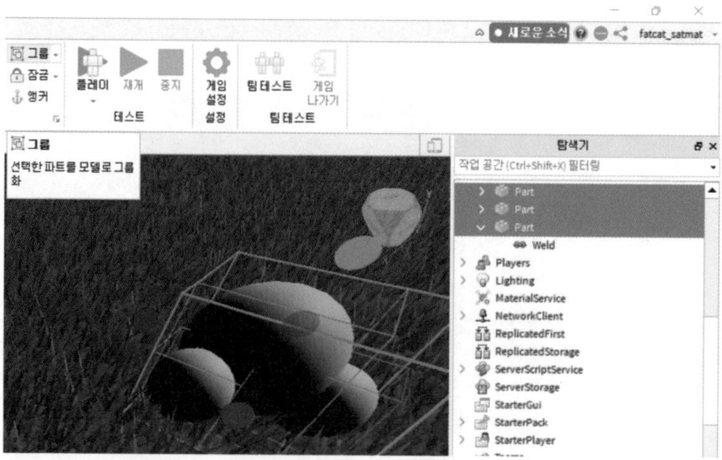

〈파트의 그룹화(파트는 회색 블록으로 표현된다)〉

[파트] – [구형]을 배치하고 [도구] 탭의 [이동], [크기]를 통해 세 개의 구형을 이산화탄소 분자 모형으로 적절히 배치한다.

[Shift+클릭]을 통해 여러 파트를 동시 선택하면 [탐색기] 탭에서 어떤 파트가 선택되었는지 확인할 수 있다. 상단 메뉴에서 [그룹]을 누르면 해당 '파트'를 '모델'로 그룹화할 수 있다.

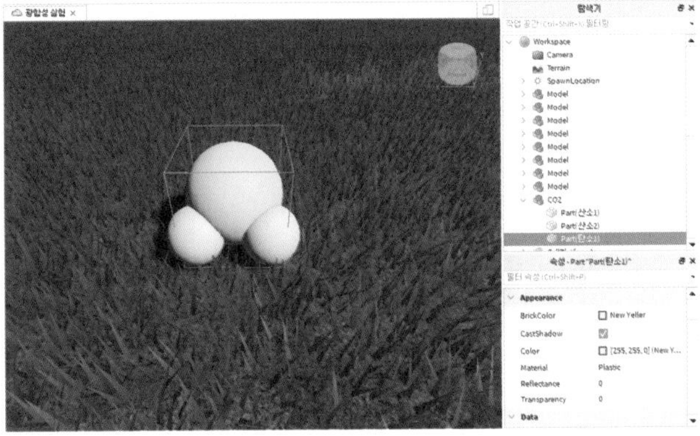

〈CO2 분자모형(part의 그룹형인 모델은 색깔 있는 블록 덩어리로 표현된다)〉

우측 [탐색기] 탭에서 파트나 모델을 [마우스 우클릭]–[이름 변경]하면 해당 파트나 모델의 이름을 변경할 수 있다. 이산화탄소 모델의 이름을 CO2로 바꾸어준다(각 Part의 이름은 변경하지 않아도 된다).

아래에 [Appearance]에서 BrickColor를 선택하면 선택한 파트의 색을 바꿀 수 있다. 가운데 있는 탄소 원자를 노란색으로 바꿔준다.

〈3개의 파트를 [드래그] 혹은 [Shift+클릭]으로 동시 지정한 후–[통합]한다.〉

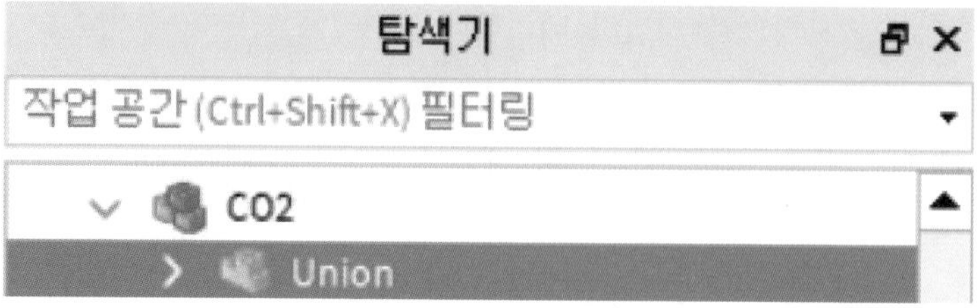

〈3개의 파트가 1개의 파트로 통합된 것을 확인〉

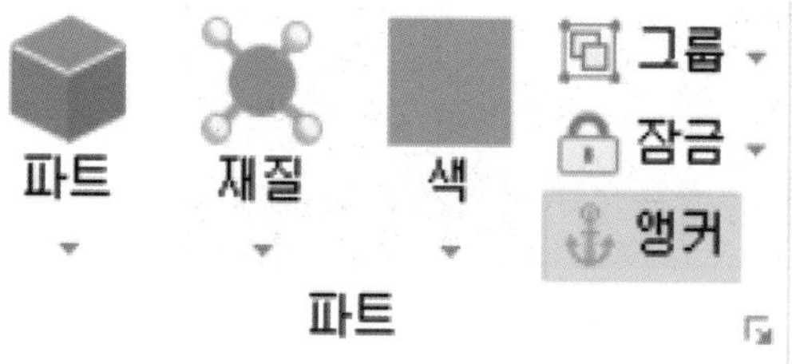

[파트]-[앵커]가 활성화되어 있는지 확인한다. 활성화되어 있지 않다면 클릭하여 활성화한다.

앵커가 활성화되어 있지 않으면 모델 혹은 파트가 벽면이나 공중에 고정되지 않고 땅으로 떨어지며, 캐릭터와 부딪혔을 때도 밀리거나 굴러다니게 된다.

〈만든 CO2 모델을 복사(Ctrl+C) 및 붙여넣기(Ctrl+V)하여 동굴 안과 밖에 적절히 배치〉

② 식물 배치하기: [도구 상자]-[마켓 플레이스]에서 원하는 모델을 찾아 배치하기

[마켓 플레이스]는 다른 이용자들이 직접 만든 모델을 다른 사람과 공유하는 곳이다. [도구 상자] – [마켓플레이스]에서 원하는 모델을 검색하여 활용할 수 있다. 식물 모델을 찾기 위해 plant를 검색하여 원하는 식물 모델을 클릭하면 바로 편집 중인 맵에 해당 모델이 나타난다.

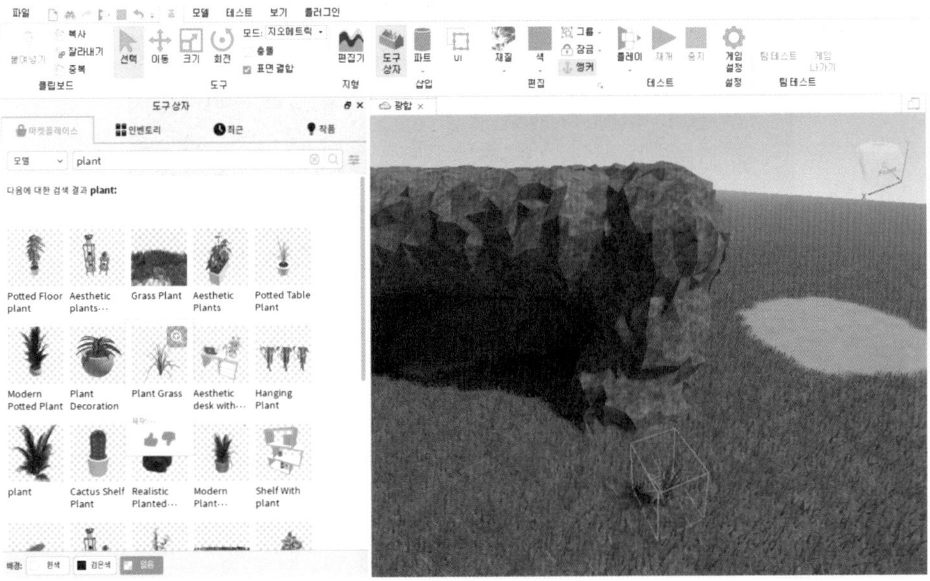

〈마켓플레이스에서 찾은 식물 모양 모델〉

[마켓 플레이스]에서 모델을 찾아서 활용할 때는 해당 모델에 스크립트가 포함되어 있는지 확인해야 한다. 스크립트가 포함되어 있다면 게임을 실행했을 때 해당 모델을 게시했던 이용자가 설정해놓은 대로 동작해서 새로운 코딩과 충돌하기 때문이다. 해당 모델을 '그룹화 해제'하여 '파트' 부분만 사용하면 오류를 방지할 수 있다.

〈[파트]-[그룹]을 클릭 → [그룹화 해제]〉

탐색기를 확인하면 그룹화 해제를 통해 '모델'이었던 'PlantGrass'가 'Thumbnail Camera'와 'Grass'로 분리된 것을 볼 수 있다.

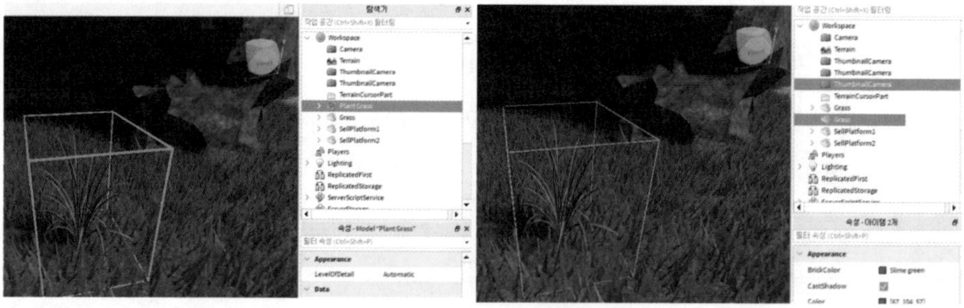

〈그룹화 해제 전, 그룹화 해제 후〉

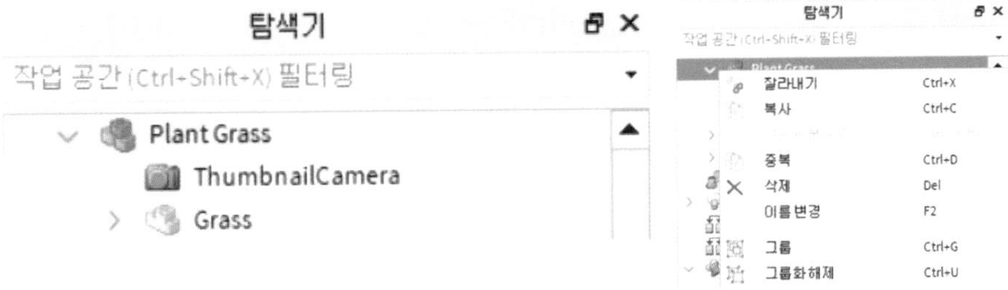

〈탐색기에서 모델(Plant Grass)을 [마우스 우클릭]-[그룹화 해제]해도 된다.〉

필요한 파트(Grass)를 제외한 부분(ThumbnailCamera)은 마우스 우클릭으로 삭제해도 무방하다.

스폰 위치 지정하기

지형을 구축했다면 체험에 접속한 아바타가 스폰(생성)되는 자리를 지정해야 한다. [모델]-[게임플레이]-[스폰]을 클릭하면 현재 화면 중앙에 스폰 위치를 지정하는 마커가 생기며 우측 탐색기에서 SpawnLocation이 추가되었음을 확인할 수 있다. 앞으로 체험에 새로 접속한 이용자의 아바타는 해당 위치에서 생성된다. 스폰 마커는 다른 사물과 마찬가지로 이동 및 크기 변경이 가능하다. 스폰 마커를 여러 곳에 만들어두면 해당 스폰 마커 중 랜덤한 위치에서 아바타가 생성된다.

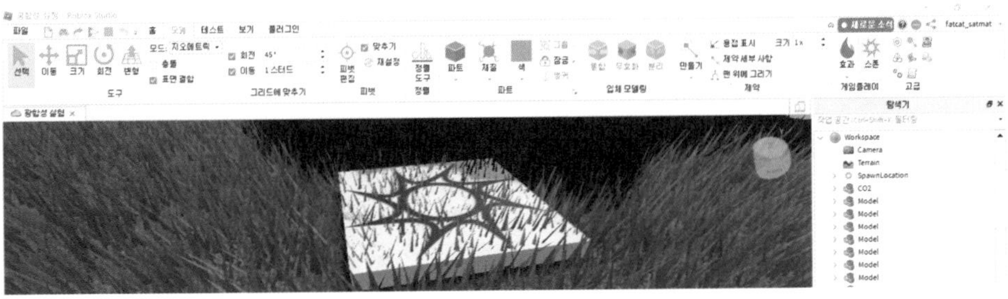

〈스폰 버튼과 배치된 스폰 마커. 우측 탐색기에서 SpawnLocation을 확인할 수 있다.〉

스크립트 작성(코딩)하기

스크립트를 통해 사물의 작동 방식을 코딩할 수 있다. 스크립트의 종류와 기능이 매우 많기 때문에 필요한 경우 로블록스 체험인 'Lua Learning'이나 온라인상의 로블록스 커뮤니티에서 검색할 수 있다. [도구 상자]–[마켓 플레이스]에서 다른 이용자가 스크립트를 포함하여 게시해놓은 모델을 활용할 수도 있다.

〈QR코드〉

https://docs.google.com/document/d/1Q9H8RWxiR58rgntbBMCSv2H0–fS_Wad00pRXEYGHuoM/edit?usp=sharing

위 사이트에 있는 스크립트를 복사하여 이용할 것이므로 해당 페이지에 접속해야 한다. 로블록스에서 제공하는 게임 제작 방법을 수업 내용으로 변경하여 적용해보도록 하자.

① 전광판 및 아이템 세팅

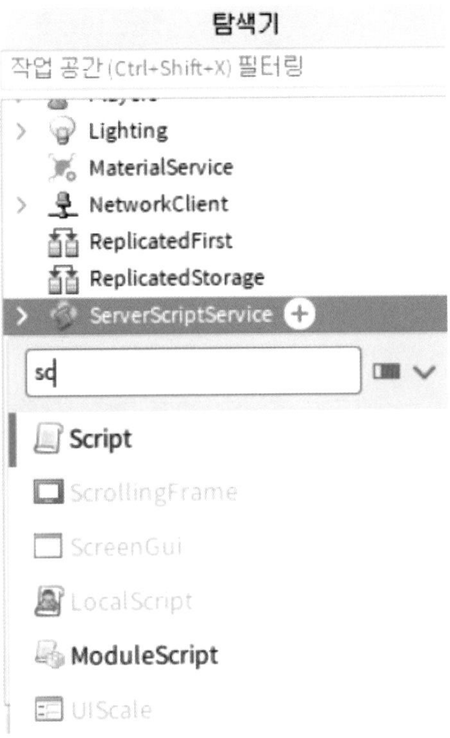

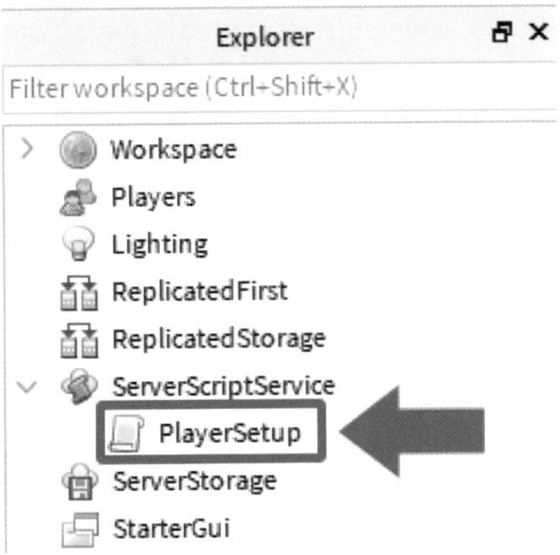

- 기본으로 우측 탐색기 메뉴에 [ServerScriptService]가 있다.
- 이것을 클릭하면 오른쪽에 +버튼이 활성화된다.
- +버튼을 누르면 [SeverScriptService]의 하위 항목으로 추가할 수 있는 것들이 나온다.[5)]
- script를 검색하여 추가한다.
- 추가한 script를 PlayerSetup이라고 명명한다.
- script를 더블클릭하면 메모장처럼 스크립팅 공간이 나온다.
- 아래 스크립트를 복사하여 입력한다.

---

5) 해당 항목 [마우스 오른쪽 클릭]-[개체 삽입]을 통해서도 가능하다.

〈스크립트 입력한 상태〉

```
-- Creates a leaderboard that shows player variables
local function onPlayerJoin(player)
local leaderstats = Instance.new("Folder")
leaderstats.Name = "leaderstats"
leaderstats.Parent = player
local gold = Instance.new("IntValue")
gold.Name = "산소,포도당"
gold.Value = 0
gold.Parent = leaderstats
-- Create the Items stat
local items= Instance.new("IntValue")
items.Name = "물"
items.Value = 0
items.Parent = leaderstats
-- Create the Spaces stat
local spaces = Instance.new("IntValue")
spaces.Name = "최대 소지"
spaces.Value = 2
spaces.Parent = leaderstats
end
game.Players.PlayerAdded:Connect(onPlayerJoin)
```

위 스크립트를 복사하여 붙여넣으면 아이템을 설정하고 이것이 플레이하는 동안 전광판에 나오게 된다.

보통 게임에서는 '**채집품**을 **상점**에 제공→**골드** 획득'의 방식으로 교환이 이루어진다. 이 수업에서 '**채집품=물**'이고 '**상점=식물**'이며 '**골드=광합성 산물(산소, 포도당)**'이다. 위 스크립트는 작동시킬 사물에 이름을 지정하고 그 내용이 전광판에 표시되도록 한다. 물을 채집할 수 있는 개수인 '최대 소지'는 임의로 2까지 설정했다.

② 채집품 만들기

이 게임에서는 물을 채집하므로 [도구상자] – [마켓플레이스]에서 water를 검색해 준 후, 원하는 모양의 물을 선택한다.

식물 모델을 이용할 때와 마찬가지로 마켓플레이스에서 유저가 공유한 모델은 스크립트가 포함되었는지 확인할 필요가 있고, 그룹화 해제를 통해 수정해서 사용할 수 있다.

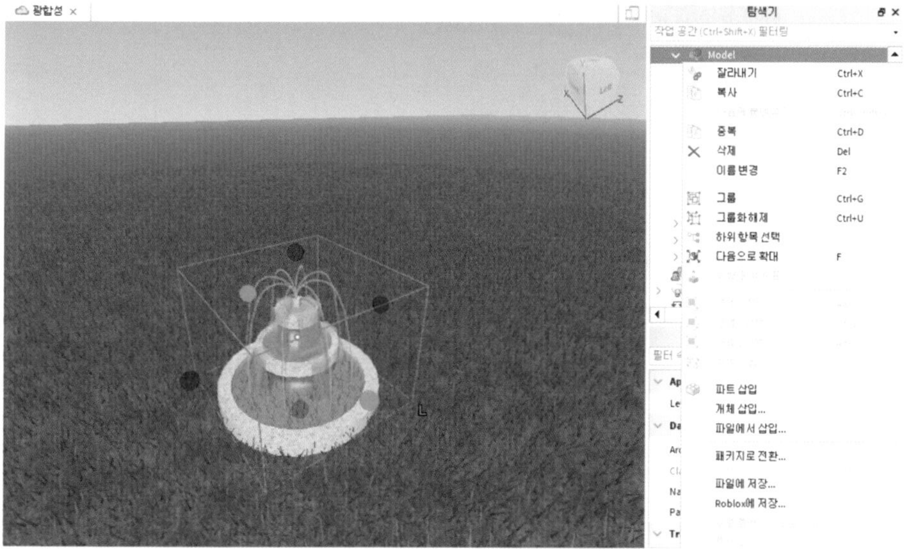

〈그룹화 해제〉

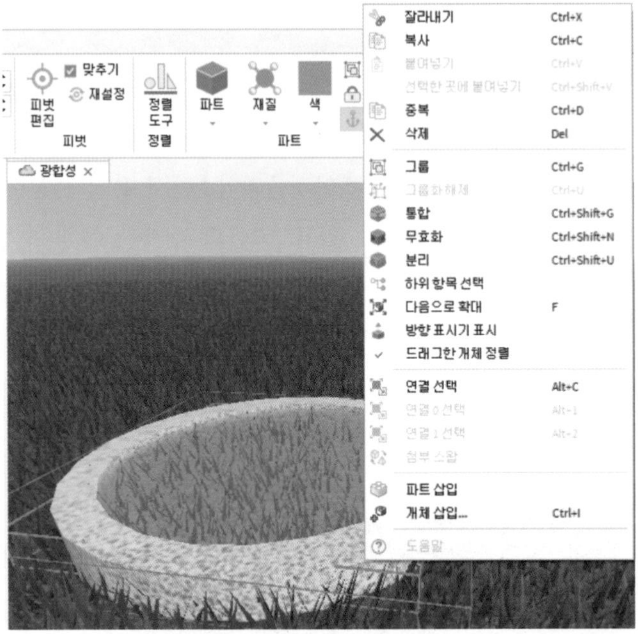

필요한 부분을 [드래그] or [Shift+클릭]으로 함께 지정한 후, [마우스 오른쪽 클릭]–[통합]을 한다.

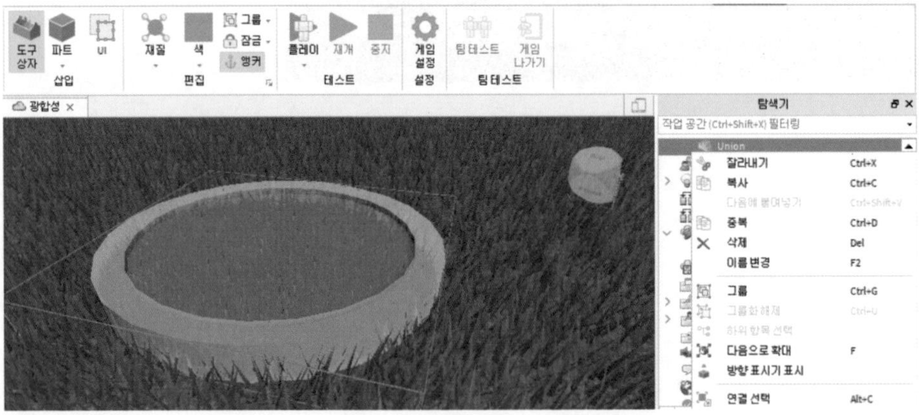

통합한 사물을 선택했을 때 [편집]–[앵커]가 회색 배경으로 활성화되었는지 확인한다. 만약 활성화되지 않았다면 다시 통합하거나 다른 모델을 이용한다. 활성화되었다면 [마우스 오른쪽 클릭]–[그룹]으로 모델을 만든다.

[+버튼] 또는 [마우스 우클릭]-[개체 삽입]으로 BoolValue를 model의 하위 항목에 추가한다.

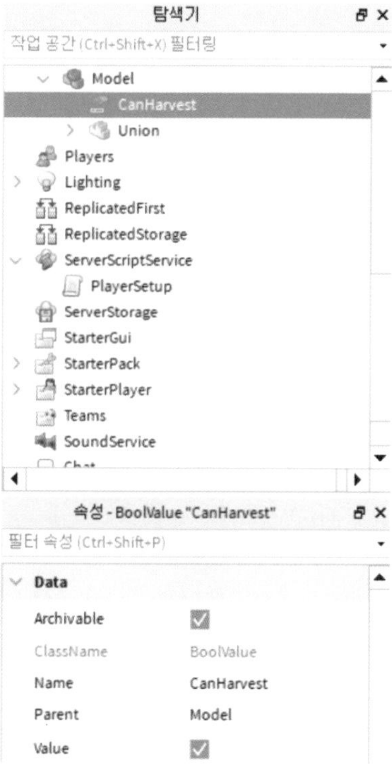

BoolValue의 이름을 CanHarvest로 바꾸고 value에 체크해준다.

물 모델도 복사(Ctrl+C) 및 붙여넣기(Ctrl+V)로 적절히 배치해준다.

③ 도구 만들기

이번에는 채집에 이용하는 도구를 만들 차례이다. 로블록스에서 제공하는 스푼 모양의 도구를 이용할 수 있다.

https://education.roblox.com/assets/blteb899fcc8964907e/starterTool_final.rbxm
위 링크로 접속하면 로블록스에서 제공하는 starter tool을 내려받을 수 있다.

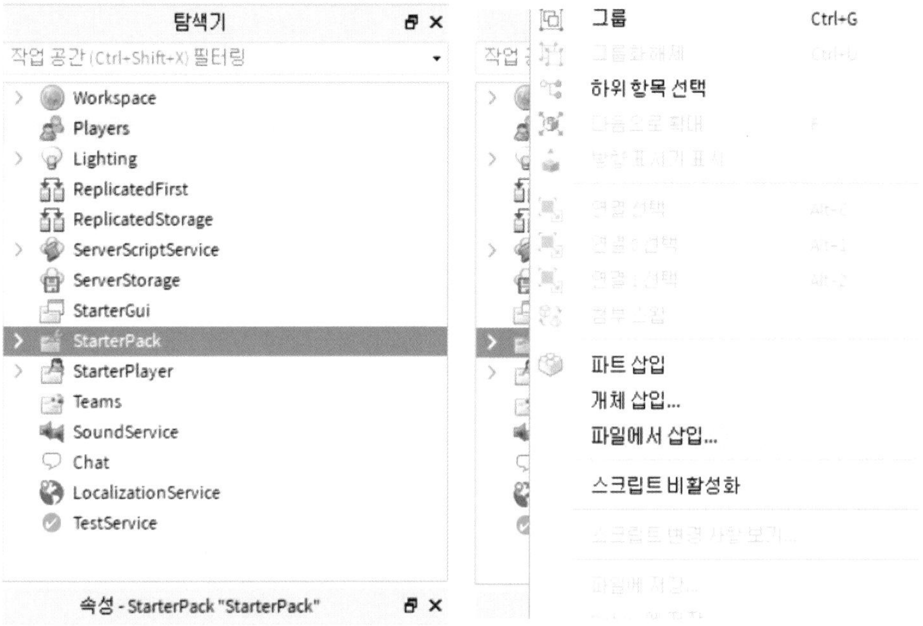

[StarterPack 마우스 우클릭] – [파일에서 삽입]을 통해 내려받은 파일을 추가한다.

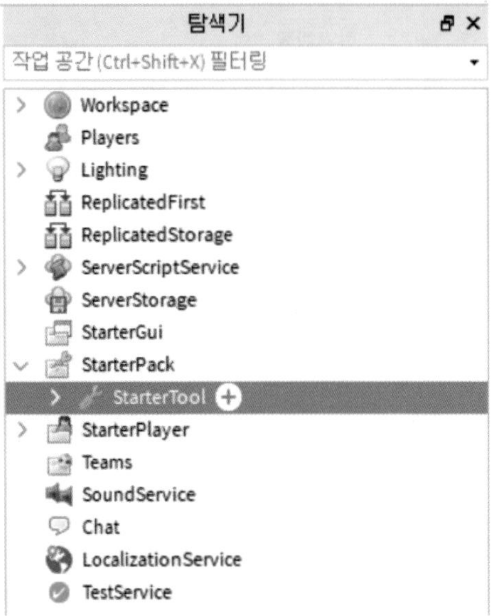

〈추가한 파일은 'StarterTool'로 'StarterPack'의 하위 항목〉

〈'StarterTool'은 스쿱 모양의 도구이다.〉

[마우스 우클릭]－이름 변경]으로 'Scoop'으로 바꿔주도록 하자.

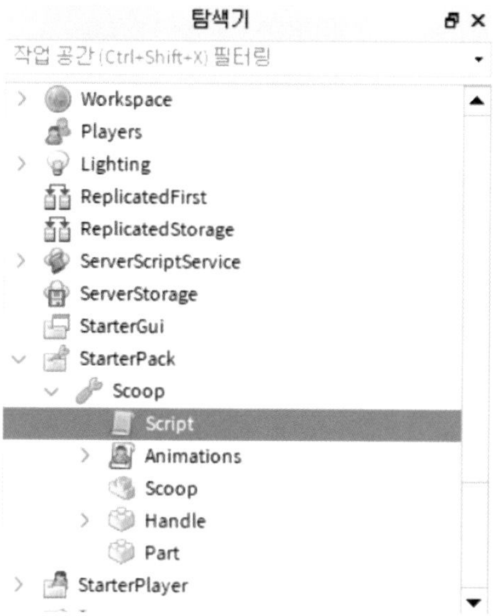

〈Script〉

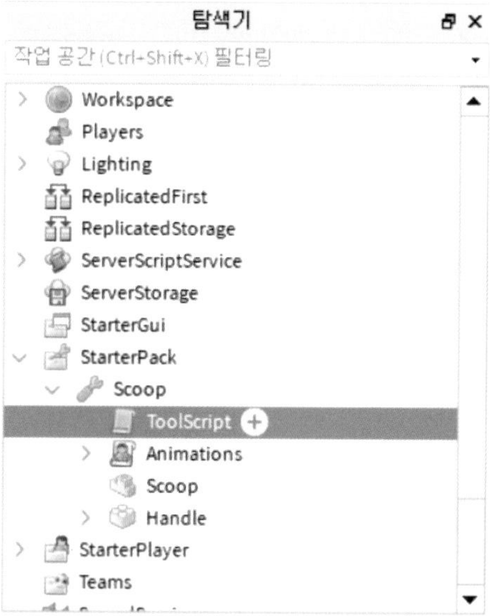

〈ToolScript〉

〈ToolScript 더블클릭〉

Scoop으로 변경한 후, 이전처럼 [마우스 우클릭]-[개체 삽입]-[Script]로 하위 항목에 스크립트를 삽입한다. 삽입한 'Script'의 이름을 [마우스 우클릭]-[이름 변경]에서 'ToolScript'로 바꾼다. 'ToolScript'를 더블클릭하여 아래 스크립트를 입력하도록 한다.

```
local tool = script.Parent
local scoop = tool.Scoop
local backpack = tool.Parent
local player = backpack.Parent
local playerStats = player:FindFirstChild("leaderstats")
-- Gets the player's items and spaces from their leaderboard
local playerItems = playerStats:FindFirstChild("물")
local playerSpaces = playerStats:FindFirstChild("최대 소지")
local function onTouch(partTouched)
local canHarvest = partTouched.Parent:FindFirstChild("CanHarvest")
if canHarvest then
if canHarvest.Value == true and playerItems.Value < playerSpaces.Value then
playerItems.Value = playerItems.Value + 1
canHarvest.Value = false
-- Reset partTouched, the harvested item
partTouched.Transparency = 1
partTouched.CanCollide = false
wait(5)
-- Make the harvested item reappear and usable again
canHarvest.Value = true
partTouched.Transparency = 0
partTouched.CanCollide = true
end
end
end
scoop.Touched:Connect(onTouch)
```

해당 내용은 이 도구를 장비하고 채집 가능한 아이템(여기서는 물)을 터치했을 때 소지품(물)이 증가하도록 설정하는 것이다.

④ 채집품 교환 설정

마지막으로 '물'을 가지고 '식물'에 갔을 때, 식물에서 광합성 산물인 '산소, 포도당'을 얻을 수 있도록 설정한다.

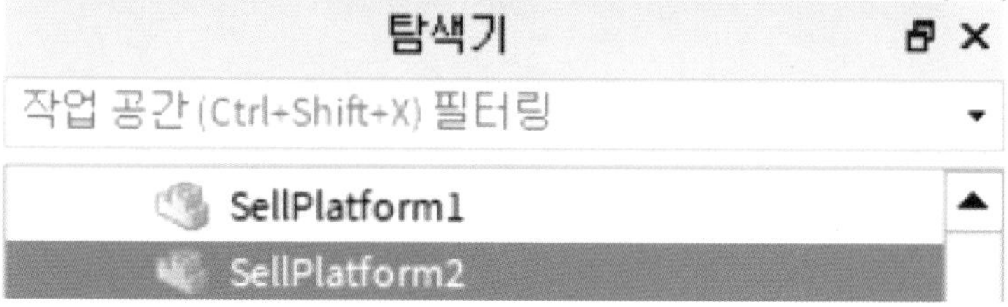

4에서 만든 Grass(식물 파트)를 복사하여 2개로 만들어준 후, 동굴 안팎에 적절히 배치한다. 동굴 안의 식물은 SellPlatform1, 동굴 밖의 식물은 SellPlatform2라고 이름 변경한다.

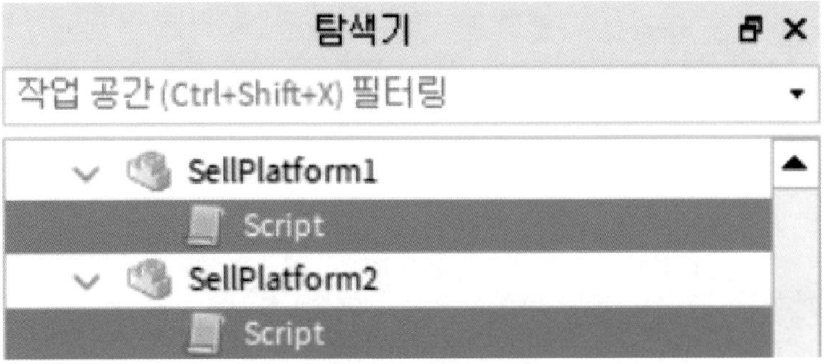

[마우스 우클릭]–[개체 삽입]–[Script]로 스크립트를 삽입해준다.

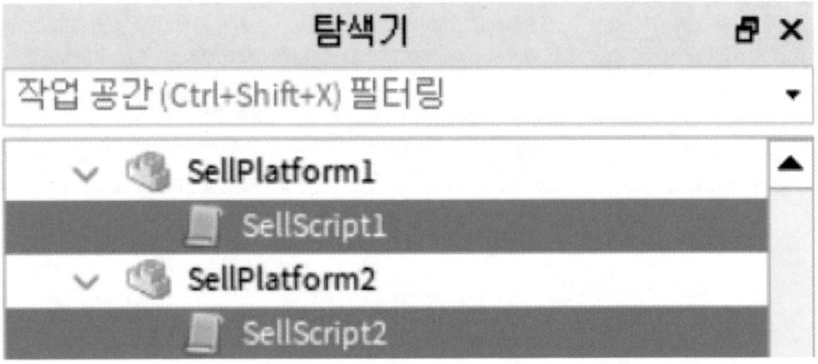

[마우스 우클릭]–[이름 변경]으로 각 스크립트를 'SellScript1, 2'로 명명한다.

각 스크립트를 더블클릭하여 스크립팅 창을 열고 아래에 정리된 각 스크립트를 입력한다.

SellScript1(동굴 속 식물)

```
-- Sells all a player's items and gives them gold
local sellPart1 = script.Parent
local function sellItems(playerItems, playerGold)
 local totalSell = playerItems.Value * 0
 playerGold.Value = playerGold.Value + totalSell
 playerItems.Value = 0
end
local function onTouch (partTouched)
 local character = partTouched.Parent
 local humanoid = character:FindFirstChildWhichIsA("Humanoid")
 if humanoid then
 local player = game.Players:GetPlayerFromCharacter(humanoid.Parent)
 local playerStats = player:FindFirstChild("leaderstats")
 local playerItems = playerStats:FindFirstChild("물")
 local playerGold = playerStats:FindFirstChild("산소,포도당")
 sellItems(playerItems, playerGold)
 end
end
sellPart1.Touched:Connect(onTouch)
```

SellScript2(동굴 밖 식물)

```
-- Sells all a player's items and gives them gold
local sellPart2 = script.Parent
local function sellItems(playerItems, playerGold)
 local totalSell = playerItems.Value * 100
 playerGold.Value = playerGold.Value + totalSell
 playerItems.Value = 0
end
local function onTouch (partTouched)
 local character = partTouched.Parent
 local humanoid = character:FindFirstChildWhichIsA("Humanoid")
 if humanoid then
 local player = game.Players:GetPlayerFromCharacter(humanoid.Parent)
 local playerStats = player:FindFirstChild("leaderstats")
 local playerItems = playerStats:FindFirstChild("물")
 local playerGold = playerStats:FindFirstChild("산소,포도당")
 sellItems(playerItems, playerGold)
 end
end
sellPart2.Touched:Connect(onTouch)
```

일반적인 게임에서는 플레이어가 채집한 아이템을 상점에 판매하여 돈을 획득한다. 위 스크립트는 가지고 있는 '물'이라는 item을 '산소, 포도당'이라는 gold로 교환해주는 스크립트이다.

동굴 속 식물은 sellPart1으로 명명되는데, 물을 가져다줘도 햇빛이 없어서 광합성을 하지 못하므로 player item value * 0(물의 0배)만큼 '산소, 포도당'을 획득한다.

반면 동굴 밖 식물인 sellPart2에서는 광합성이 가능하니 player item value * 100(물의 100배)만큼 '산소, 포도당'을 획득한다(숫자 100은 임의 값이다).

게임 테스트하기

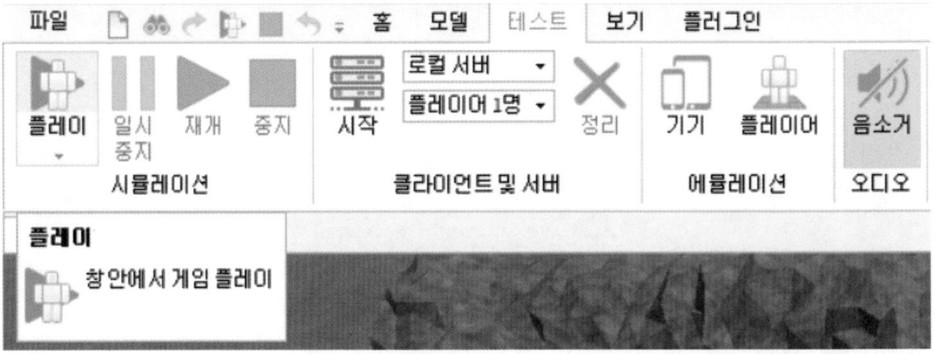

[테스트]-[플레이]를 통해 미리 구축한 체험을 플레이할 수 있다. 이 기능은 체험을 만드는 도중에도 언제든 가능하며 오류를 찾을 수 있다.

시작하면 스폰 마커 위에 플레이어의 캐릭터가 등장한다. 우측 상단의 전광판에는 현재 소지하고 있는 아이템의 종류와 수가 표시된다.

하단의 'Scoop'을 [클릭]하거나 [키보드 1]을 누르면 스쿱 모양 도구를 장비한다. 해당 버튼을 다시 누르면 장비가 해제된다.

물에 가서 도구를 사용하면 물이 채집되면서 전광판의 물 수치가 1 오른다.

여러 학생이 플레이해야 하므로 시간이 지나면 물이 다시 생성된다.

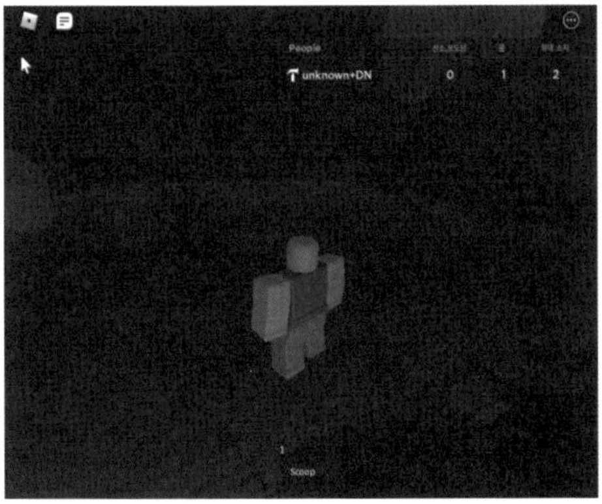

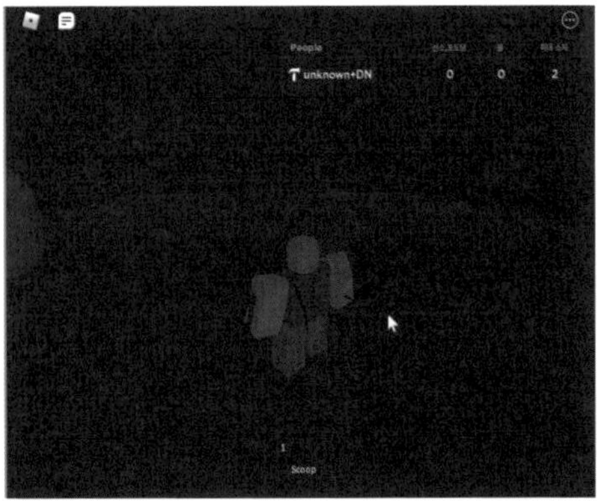

동굴 속 식물에 가까이 다가가면 물이 소모되지만, 산소와 포도당을 얻지 못한다.

햇빛을 받는 동굴 밖 식물에게 다가가면 광합성 산물인 산소와 포도당을 얻는다. 위 플레이에 오류가 없다면 학생들과 플레이할 수 있는 과학 수업 완성이다.

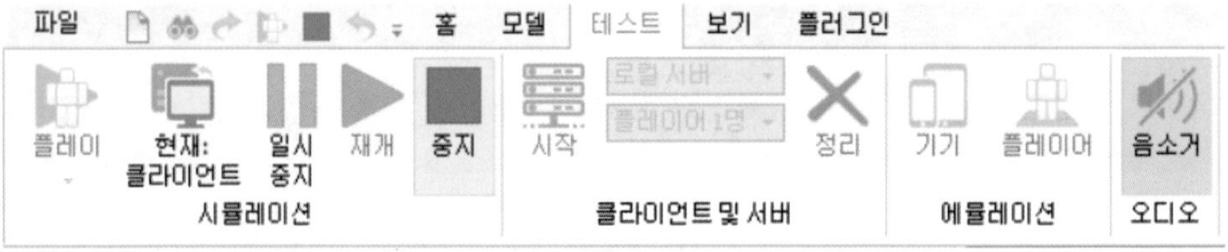

[테스트]-[중지]로 시뮬레이션 플레이를 마칠 수 있다.

'6. 스크립트 작성 및 코딩하기'에서 소개한 roblox education 페이지에서는 추가로 도구를 업그레이드하는 과정을 담고 있다. 응용하여서 각 주제에서 획득한 실험 결과물(예: 광합성 산물)을 배지나 훈장, 스탬프로 바꾸도록 할 수 있다. 학생들이 다양한 실험에 참여함으로써 모든 과학 실험의 기념품을 모으도록 동기 유발할 수 있다.

저장 및 공유하기

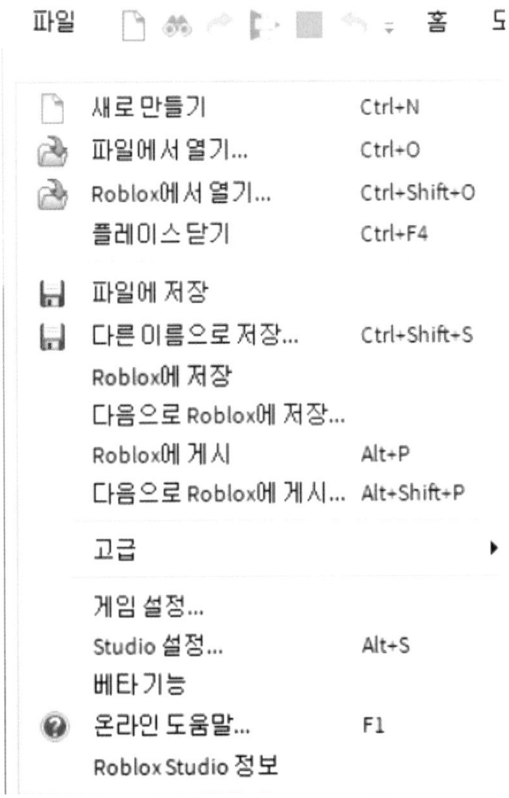

만든 콘텐츠는 [파일] 메뉴에서 저장할 수 있다.

- [파일에 저장]: 처음 지정했던 이름으로 사용자의 PC에 저장
- [다른 이름으로 저장]: 다른 이름으로 사용자의 PC에 저장
- [Roblox에 저장]: 처음 지정했던 이름으로 roblox 클라우드에 저장
- [다음으로 Roblox에 저장]: 다른 이름으로 roblox 클라우드에 저장

[다음으로 Roblox에 저장]을 선택했을 때는 위처럼 이미 내가 구축했던 콘텐츠에 지금 공간을 추가하거나 덮어씌울 수 있다.

만약 기존 콘텐츠와 상관 없이 다른 이름으로 저장하고 싶다면 아래의 [새 게임 만들기] 메뉴를 눌러서 새로운 이름을 정하고 저장하면 된다.

저장이 완료되면 로블록스 스튜디오 초기화면에서 내 게임을 확인할 수 있으며 현재 '공개' or '비공개' 중인지도 확인할 수 있다.

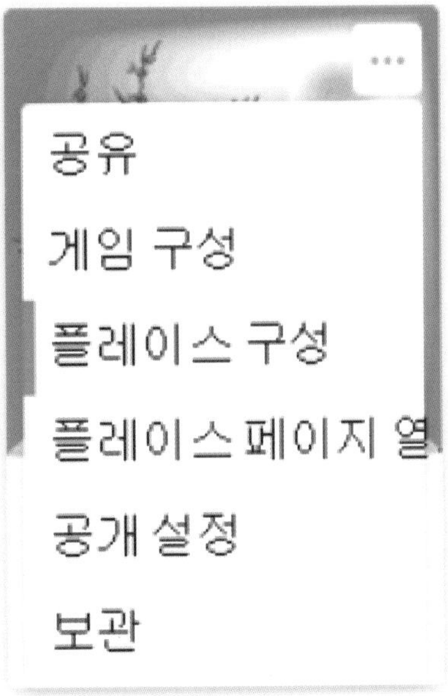

저장된 게임을 [마우스 우클릭]하면-[플레이스 구성], [공개 설정]을 할 수 있다.

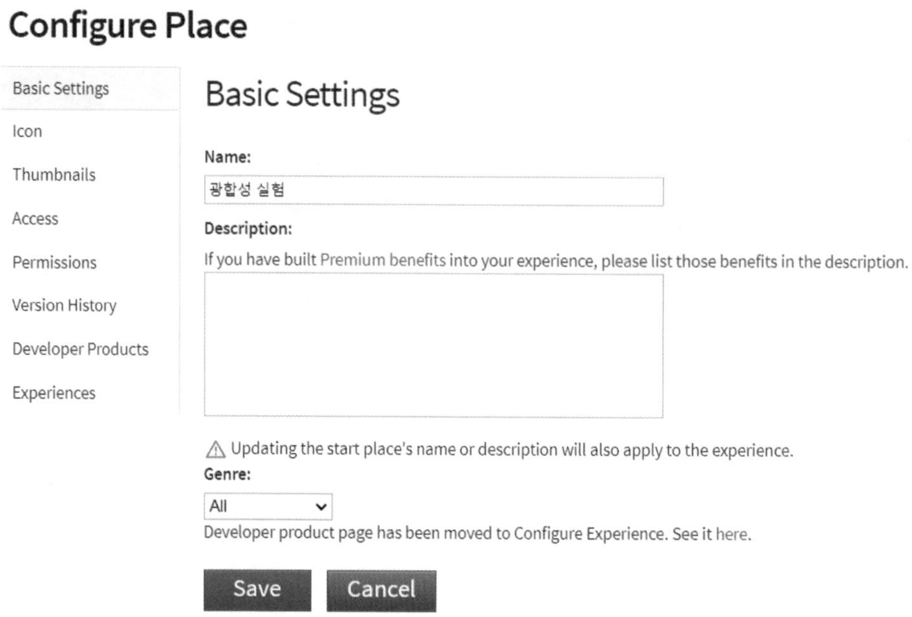

〈플레이스 구성 화면〉

- [Basic Setting]: 게임의 이름과 설명을 수정
- [Icon], [Thumbnails]: 게임의 대표 이미지 설정
- [Access]: 접근 권한 설정

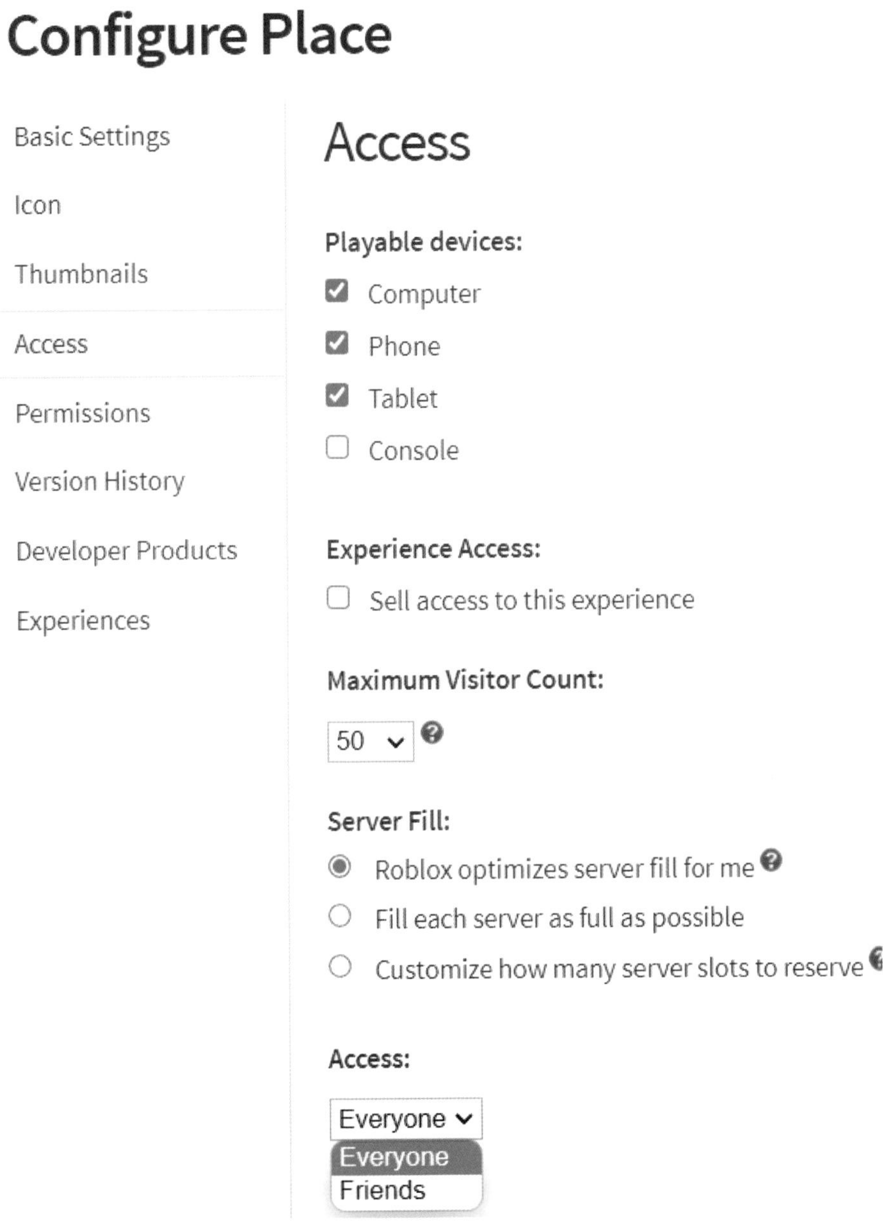

만약 교사가 만든 게임에 학생들만 들어올 수 있도록 하기 위해서는 [Access] 탭에서 Access를 Friend로 설정한 후, 학생과 교사 계정을 서로 친구 등록하면 된다.

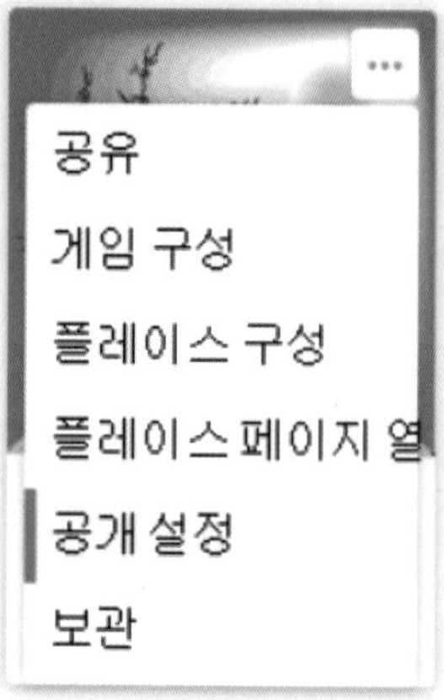

[공개 설정]을 선택하면 '비공개'↔'공개' 상태가 서로 변경된다.

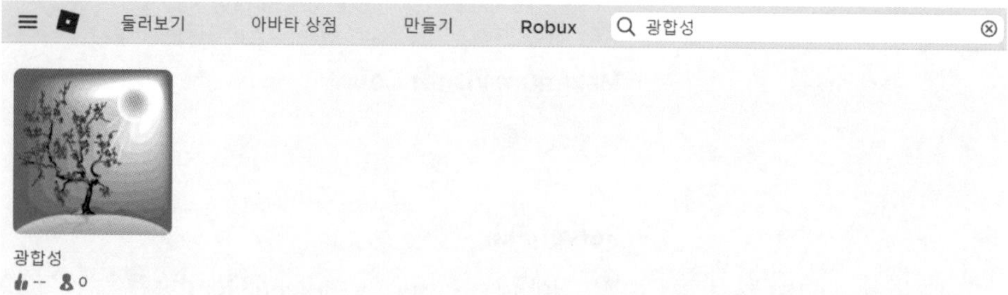

'공개'로 설정된 게임은 로블록스에서 검색하여 참여할 수 있다.

마인크래프트 수업에 활용하기

1 마인크래프트 교육용 에디션의 특징

마인크래프트는 2009년에 서비스가 시작되어 2011년부터 정식으로 출시된 게임으로, 꽤 긴 역사를 보유하고 있다. 그만큼 많은 '에디션'이 제공되고 있는데, 이 '에디션'이라는 것의 종류에 따라서 주된 기능이나 플레이 방식이 달라지며, 심지어 지원하는 기기가 달라지기도 한다. 따라서 마인크래프트를 활용할 때는 에디션의 특징을 파악해야 한다.

이 장에서 설명할 마인크래프트 교육용 에디션은 PC에서만 실행할 수 있다. 따라서 학교가 PC보다 모바일 환경 위주로 구축되어 있다면 다른 플랫폼을 고려해야 한다. 이 에디션은 마인크래프트의 기본적인 기능에 코딩, 학생 관리 기능을 추가로 제공한다. 학생을 관리할 수 있는 '클래스룸 모드'를 통해 플레이하는 학생들의 기능을 교사가 제어할 수 있으며 칠판 혹은 팻말처럼 쓸 수 있는 보드 아이템을 이용할 수도 있다.

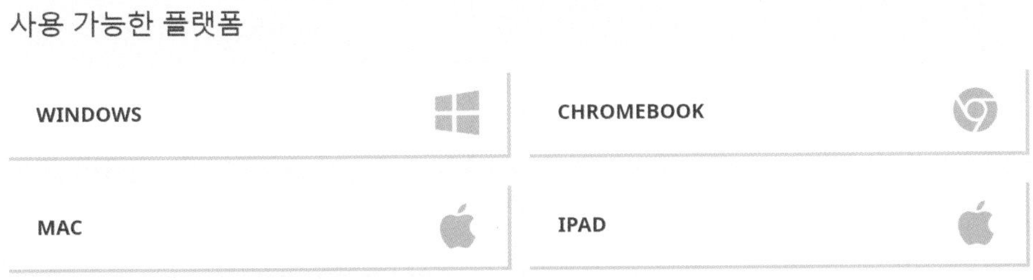

〈마인크래프트 교육용 에디션이 사용 가능한 플랫폼〉

② 마인크래프트 1단계-교육용 계정 생성 및 설치

1) office365 계정 생성

마인크래프트 교육용 에디션은 연 5$의 비용을 지불하고 이용할 수 있으며 교육용 에디션을 구입하려면 교육용 오피스 365 계정이 필요하다.

https://www.o365service.co.kr/office365/

구글 검색창에 o365service를 검색하거나 위 링크(QR코드)에 접속하면 office365 계정을 생성하는 사이트로 연결된다. 교육청마다 office365와 관련된 정책이 다르기 때문에 해당 지역의 업체 혹은 학교 정보 담당자에게 인증키를 받아서 교육용 오피스 계정을 생성해야 한다.

〈office365 계정 생성 페이지〉

위 사이트에서 각 교육청별 office365 계정 생성 페이지로 이동할 수 있다. 사이트 하단에는 교육청별 가입 안내 업체가 목록화되어 있다.

교육용 office365 계정을 생성하기만 하면 결제를 하지 않더라도 25회의 접속 제한이 있는 상태로 마인크래프트를 이용할 수 있다. 마인크래프트 이용을 고려하는 중이라면 일단 계정만 생성하고 해당 플랫폼이 유용할지 테스트할 수 있다.

교육용 office 365+미결제	교육용 office 365+결제
25회 접속 제한으로 이용 가능	5$로 1년 자유 이용

구글에 'microsoft 365 관리'를 검색하거나 다음 링크(QR코드)를 통하면 office365 교육용 계정 관리 페이지로 이동할 수 있다.

https://admin.microsoft.com/

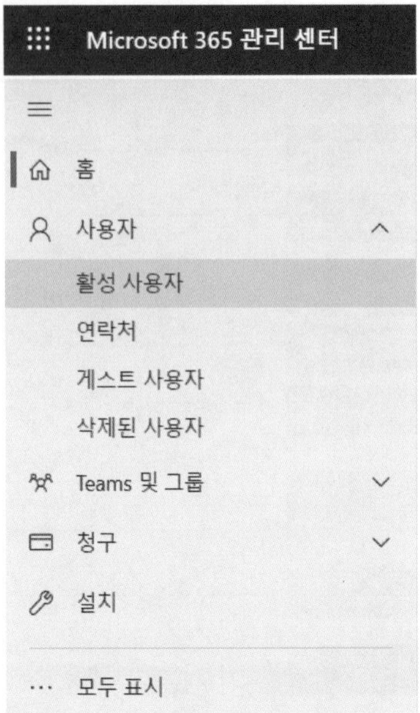

계정 관리 페이지로 이동 후 로그인하면, 위와 같은 메뉴를 확인할 수 있다. 좌측 메뉴의 '사용자'가 곧 계정을 의미한다. [사용자] – [활성 사용자]로 이동하여 계정을 발급한다.

메뉴 중 [사용자 추가] 혹은 [여러 사용자 추가] 버튼을 눌러 학생 계정을 발급할 수 있다. 결제하지 않은 계정도 25개까지의 계정을 발급할 수 있다. [여러 사용자 추가] 메뉴를 이용해보도록 하자.

사용자를 추가할 때는 성, 이름, 사용자 이름을 입력해야 하는데, '사용자 이름'은 로그인할 때 필요하므로 규칙을 세워 만드는 것이 좋다. 성과 이름은 임의로 입력해도 무방하다.

추가할 계정 목록을 써넣으면 라이선스 할당 단계로 넘어간다. 만약 협력 교사나 관리자 기능이 필요한 계정이 있다면 '교직원용' 라이선스를 할당하면 되며, 일반적으로는 '학생용' 라이선스를 할당하면 된다. 체크 후 [다음] 버튼을 누르면 된다.

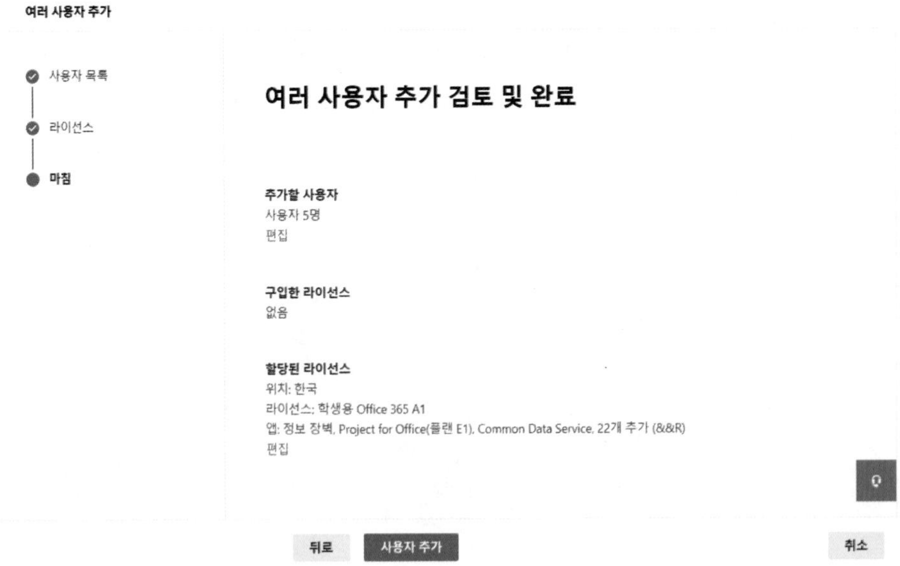

검토하는 단계이다. 이상이 없다면 [사용자 추가] 버튼을 누르면 된다.

마무리 단계이다. [이메일 로그인 정보]를 통해 계정 발급 내역을 메일로 전송할 수 있다. [여러 사용자 추가] 메뉴는 발급한 계정의 암호가 임의로 생성되므로 우측의 암호 [표시] 버튼을 눌러 각 계정의 암호를 확인할 수 있다.

[닫기] 버튼을 누르면 입력한 계정이 추가된 것을 볼 수 있다. 학생용 계정을 쉽게 관리하려면 암호를 통일해주는 것도 방법이다. 학생용 계정을 모두 선택한 다음 [암호 재설정] 메뉴로 이동한다.

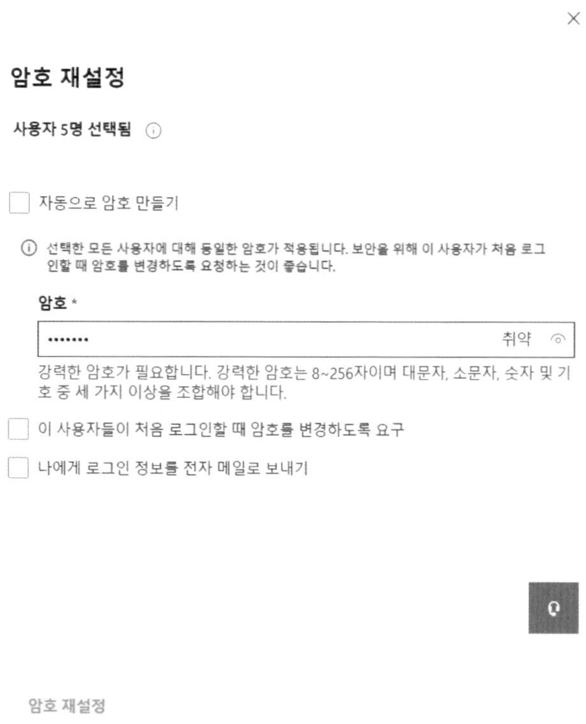
암호 재설정
사용자 5명 선택됨
자동으로 암호 만들기
선택한 모든 사용자에 대해 동일한 암호가 적용됩니다. 보안을 위해 이 사용자가 처음 로그인할 때 암호를 변경하도록 요청하는 것이 좋습니다.
암호 *
취약
강력한 암호가 필요합니다. 강력한 암호는 8~256자이며 대문자, 소문자, 숫자 및 기호 중 세 가지 이상을 조합해야 합니다.
이 사용자들이 처음 로그인할 때 암호를 변경하도록 요구
나에게 로그인 정보를 전자 메일로 보내기
암호 재설정

[자동으로 암호 만들기]의 체크를 해제하면 직접 암호를 입력할 수 있으며 이때 입력한 암호는 선택한 계정 모두에 일괄 적용된다. 만약 학생이 암호를 임의로 변경하여 로그인이 어려워지더라도 같은 방법으로 암호를 재설정하면 된다.

– 암호는 대문자, 소문자, 숫자, 기호 중 세 가지 이상을 조합해야 한다.(8자 이상)
– [이 사용자들이 처음 로그인할 때 암호를 변경하도록 요구]를 체크 해제해야 학생들이 로그인 단계에서 번거롭지 않다.

2) 마인크래프트 설치 및 접속

포털 검색창에 ‘마인크래프트 교육용 에디션’을 검색하거나 아래 링크(QR코드)를 통하여 마인크래프트 다운로드 사이트로 이동할 수 있다.

https://www.eventservice.kr/2018/microsoft/ms_mec/minecraft.html

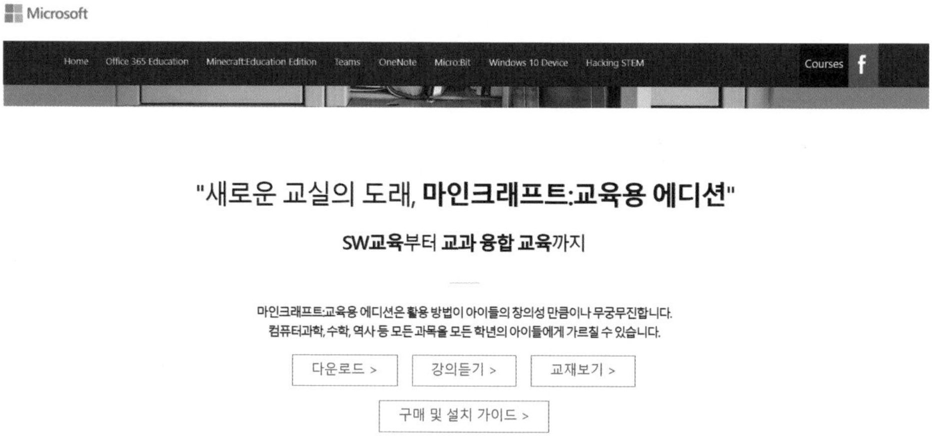

사이트 메뉴 중 [다운로드]를 클릭하면 마인크래프트를 내려받을 수 있는 페이지로 이동한다.

현재 내 기기에 적합한 버전을 자동으로 추천해준다. 마인크래프트 교육용 에디션이 지원하는 기기는 WINDOWS, CHROMEBOOK, MAC, IPAD 4종이므로 기기에 적합한 버전을 설치해야 한다. [지금 다운로드]를 눌러 마인크래프트 설치 프로그램을 다운로드한다.

Windows 사용자는 Windows Store에서도 다운로드할 수 있습니다.

이미 Minecraft: Education Edition을 설치한 경우 지침에 따라 업데이트하세요.

수업 모드는 Windows와 Mac에서 사용할 수 있습니다. 여기서 자세한 내용을 알아보세요.

하단으로 스크롤하여 [여기서 자세한 내용을 알아보세요]를 클릭하거나 아래 링크(QR코드)를 통하여 'Classroom mode' 프로그램을 다운로드할 수 있다.

https://educommunity.minecraft.net/hc/en-us/articles/360047116652

Install Classroom Mode

Get Classroom Mode for Windows
Get Classroom Mode for Mac

위 사이트에서 [Get Classroom Mode for Windows]를 클릭하면 학생 관리 기능을 작동하는 'Classroom Mode' 프로그램을 받을 수 있다. 만약 MAC기기를 이용한다면 아래의 [Get Classroom Mode for Mac]을 클릭하면 된다.

다운로드한 설치 프로그램을 각각 실행시켜 '마인크래프트 교육용 에디션', 'Classroom Mode'를 설치한다.

설치가 완료되면 바로가기 파일이 바탕화면에 생성된다. [Minecraft Education Edition]을 실행하면 마인크래프트 교육용 에디션에 접속할 수 있다.

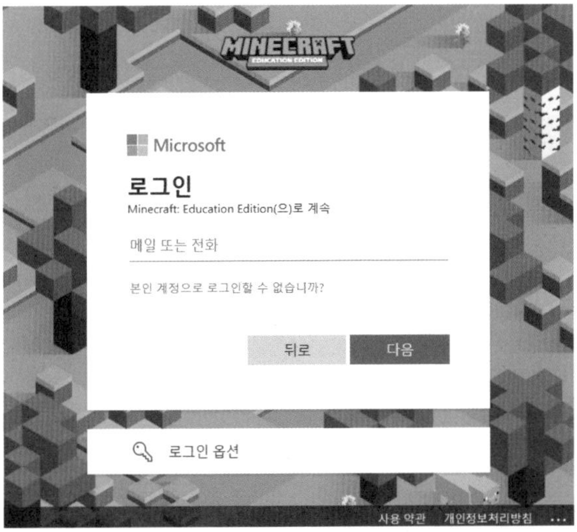

office365 교육용 계정을 입력하면 마인크래프트에 접속할 수 있다. 교사는 생성한 계정을, 학생은 교사에게 발급받은 계정을 입력하면 된다. 마이크로소프트 계정이 있더라도 교육용 계정이 아니면 접속할 수 없다.

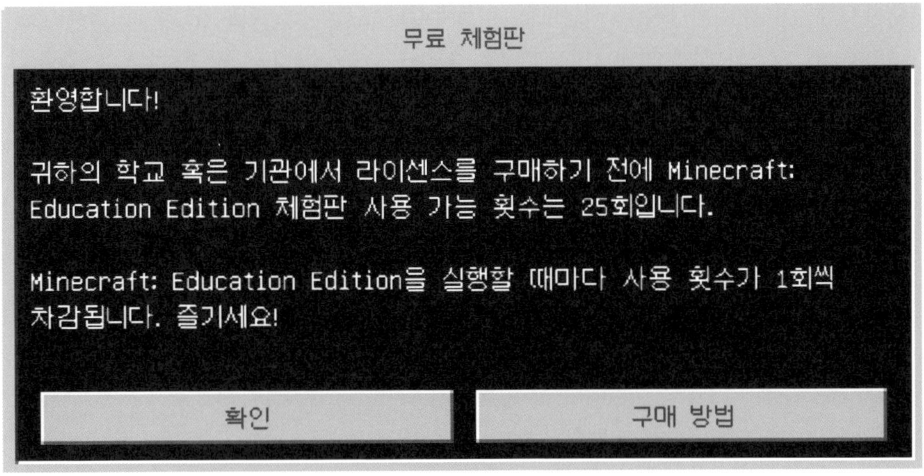

미결제 계정으로 접속한 경우에는 사용 가능 횟수가(25회) 공지된다.

❸ 마인크래프트 2단계-교육용 에디션 활용하기

처음 접속하면 위와 같은 화면을 볼 수 있다. 우측에는 현재 나의 캐릭터(아바타)가 보이며 아래 옷걸이 모양으로 캐릭터의 모습을 바꿀 수 있다.

- [플레이]: 마인크래프트 내 공간인 '월드'를 만들고 접속할 수 있는 메뉴
- [설정]: 게임 방법 설명, 키보드 및 마우스 조작, 비디오 및 오디오 설정 등을 제공하는 메뉴
- [계정 전환]: 로그아웃하여 다른 계정으로 접속할 수 있는 메뉴

[플레이]를 선택하면 위와 같은 화면을 볼 수 있다. 마인크래프트에서 호스트와 게스트가 모이는 공간은 '월드'로 표현된다.

–[내 월드 보기]: 최근에 접속 및 만들었던 월드가 나열되는 메뉴

① [라이브러리 보기]: 수업이나 월드를 만들 때 활용할 수 있는 기성 자료가 제공되는 메뉴

② [새로 만들기]: 월드를 직접 만드는 메뉴

③ [월드에 참여하기]: 교사나 호스트가 알려준 코드를 입력하여 그 월드에 접속하는 메뉴. 학생들이 교사가 만든 월드에 참여할 때 이 메뉴를 이용

–[가져오기]: 클라우드가 아닌 파일 형식의 마인크래프트 월드를 게임상으로 불러오는 메뉴

① 라이브러리 보기로 들어가면 마인크래프트를 교육에 활용하기 위해 자체적으로 개발된 월드가 나열되어 있다. 직접적으로 교과에 활용할 수 있는 월드부터 창의력을 자극하는 콘텐츠, 게임의 기본적인 플레이 방법을 알려주는 월드까지 다양하게 제시가 되어 있으므로 자유롭게 활용하면 된다. 아래에 [교육자 자료] 버튼을 누르면 마인크래프트 활용을 위해 교사에게 제공되는 자료가 나열되어 있는데, 안타깝게도 한글로 되어 있지는 않다.

라이브러리에서 원하는 월드를 고르면 위 화면을 볼 수 있다. 해당 월드에 대한 간단한 설명부터 수업 목표, 필수 질문까지 제시되어 있는데, 마인크래프트를 활용하기 위한 수업 지도안과 같다.

–[월드 만들기]: 해당 월드를 내 계정에 생성
–[수업 계획]: 해당 월드 관련 교육 자료 확인

② [새로 만들기]를 선택하면 [신규]와 [템플릿] 메뉴를 확인할 수 있다. [신규]는 처음부터 새로 만든다면 [템플릿]은 기존의 내 월드를 바탕으로 수정할 수 있다.

월드를 새로 만들게 되면 월드의 이름을 정할 뿐만 아니라 [게임] 설정과 [클래스룸] 설정을 미리 해둘 수 있다. 마인크래프트라는 게임은 자원을 채취해서 살아남는 것이 가장 기본이 되는 플레이 방식이다. 따라서 체력 등의 수치가 있으며 맹수나 몬스터의 습격을 받는 경우가 있다. 이와 관련하여 수업 적용을 쉽게 하는 몇 가지 설정을 살펴보도록 하자.

- [기본 게임 모드]: 서바이벌, 크리에이티브 중에 선택할 수 있다. 학교 수업에서 생존과 관련된 요소를 배제하고 싶다면 '크리에이티브'를 선택하면 된다.
- [난이도]: '서바이벌' 모드일 때 생존의 난이도를 정하는 것이다. '평화로움~어려움' 총 4단계로 구분되어 있으며 크리에이티브 모드에서는 큰 영향이 없다.

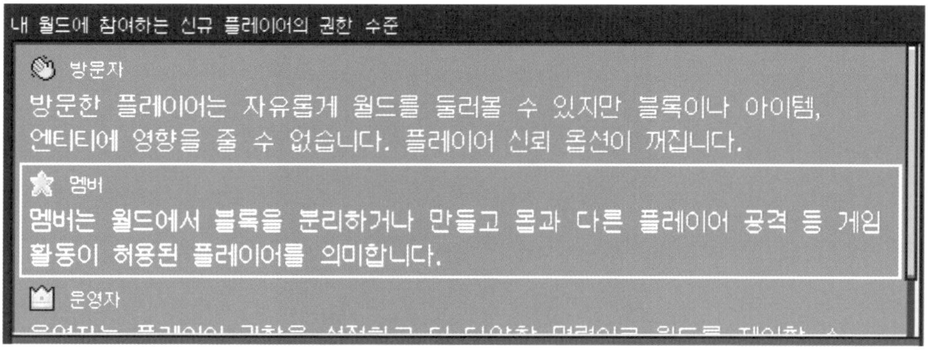

–[내 월드에 참여하는 신규 플레이어의 권한 수준]: 접속한 학생이 부여받는 권한의 수준이다. 학생이 교사가 만들어둔 월드에서 콘텐츠를 즐기도록 하려면 '방문자', 학생이 직접 월드를 만들 수 있도록 하려면 '멤버'를 선택하면 된다. 만약 교육에 활용하기 위해 동료 교사와 함께 월드를 구성할 때는 '운영자'를 선택할 수도 있다.

–[월드 유형]: '무한맵'을 선택하면 지형이 포함된 월드가 생성되며 '평면맵'을 선택하면 지형이 전혀 없는 월드가 생성된다.

–[월드 옵션]: 게임 설정 화면에서 아래로 스크롤하면 월드 옵션을 볼 수 있다. 이 중 '좌표 보기'를 켜둔다면 학생이나 교사가 자신의 위치를 파악하는 데에 무척 도움이 된다.

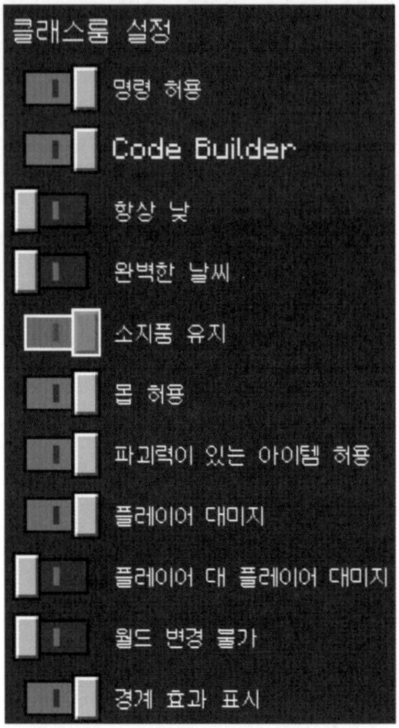

[클래스룸] 설정에서는 위 메뉴를 볼 수 있다. '명령 허용'과 'code builder'는 마인크래프트 교육용 에디션의 유용한 기능이니 활성화하는 것이 좋다.

- '항상 낮'과 '완벽한 날씨'는 활성화할 시 밤이나 비가 오지 않는 설정이다.
- '소지품 유지'는 게임 캐릭터가 사망하더라도 가지고 있는 아이템을 잃지 않도록 하는 설정이다.
- '플레이어 대미지'를 끄면 플레이어가 위험한 지형이나 아이템으로 인해 피해를 받지 않는다.
- '플레이어 대 플레이어 대미지'를 끄면 학생이 서로 공격하더라도 피해를 받지 않는다.

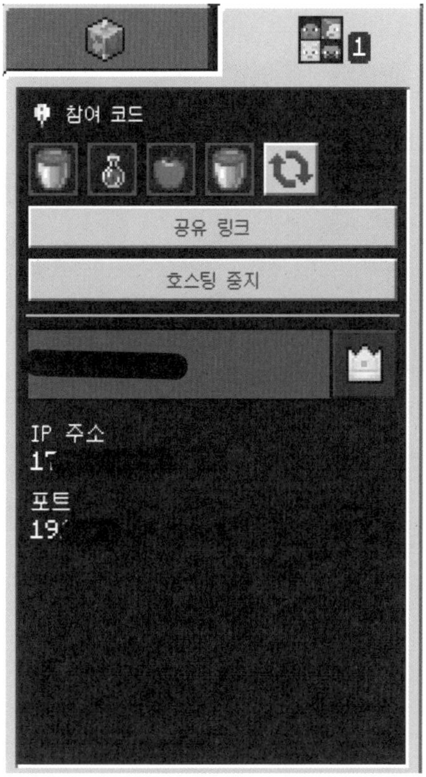

월드를 생성한 후, ESC를 누르면 위와 같이 참여 코드와 IP주소, 포트를 확인할 수 있다. 초기 메뉴에 있던 [월드에 참여하기]를 통해 학생들이 월드에 접속할 때, 이 코드를 입력하면 된다.

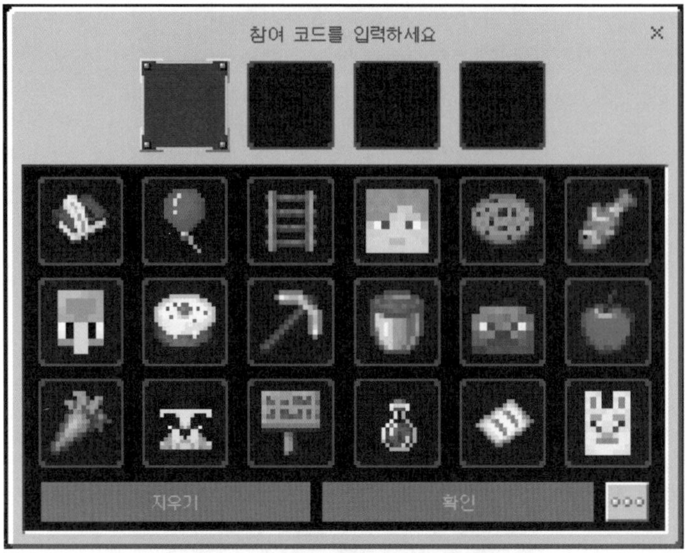

〈월드에 참여하기] 메뉴를 선택했을 때의 코드 입력 화면〉

책, 풍선, 사다리 등 주어진 4자리 코드를 입력해서 접속할 수 있다.

* 같은 컴퓨터실(IP)에서 접속하는 경우엔 코드로 접속이 잘 되지만 다른 공간에서 접속할 때는 hamachi 등의 프로그램이 필요하다.

설정을 완료한 후 월드를 생성하면 해당 월드로 접속하게 된다. 좌측에 기본 조작 방법이 보이며 키보드 [H]로 켜거나 끌 수 있다. 기본이 되는 서바이벌 모드의 방식은 다음과 같다.

– 이동: W, A, S, D 각각 전방, 왼쪽, 후방, 오른쪽 이동
– 스페이스바: 점프
– E: 소지품 확인
– Enter 혹은 T: 채팅창 활성화[6] 채팅창에서 '/'를 입력하면 다양한 명령어를 확인할 수 있다.
– C: 코드를 짜는 창을 활성화한다. 활성화 시 -Agent라는 코딩봇이 맵에 등장한다. 코딩 창에서 다양한 코딩 방법을 따라할 수 있도록 제공하고 있다.

6) 키보드가 'microsoft 입력기'가 아닌 '한컴 입력기'인 경우 종종 한글이 입력되지 않는다.

왼쪽 클릭을 꾹 누르면 눈 앞의 오브젝트가 채굴된다. 채굴된 오브젝트는 작은 정육면체 모양으로 보이며 가까이 가면 해당 오브젝트를 얻을 수 있다.

습득한 아이템은 화면 아래 아이템 목록에서 확인할 수 있다(아이템이 너무 많은 경우에는 E키를 눌러 확인하면 된다).

선택된 아이템은 오른쪽 클릭으로 배치할 수 있다.

크리에이터/서바이벌 모드는 ESC - 좌측탭 - 설정에서 수시로 변경할 수 있으며 채팅창에서 /gamemode creative를 입력해도 된다.

크리에이터 모드가 적용되면 모든 아이템을 소지하고 있으며 오브젝트 파괴가 한 번에 된다.

스페이스바를 두 번 눌러서 비행도 가능하다.

〈크리에이터 모드의 비행 상태〉

크리에이터 모드의 특징이 되는 아이템은 '보드'이다.

보드는 총 세 종류가 있으며 가장 작은 것부터 슬레이트, 포스터, 칠판이라는 이름으로 찾을 수 있다.

E버튼으로 소지품 창을 연 후에 우측의 돋보기 모양을 눌러 아이템을 검색할 수 있다.

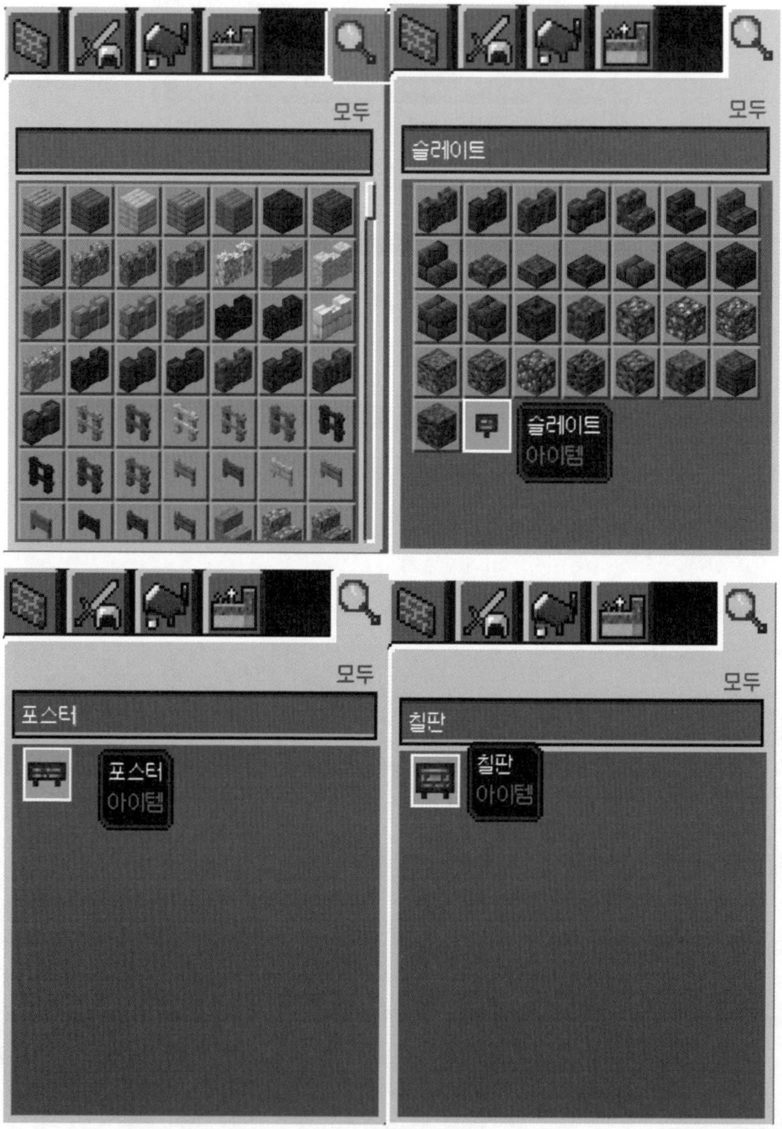

〈슬레이트, 포스터, 칠판 검색〉

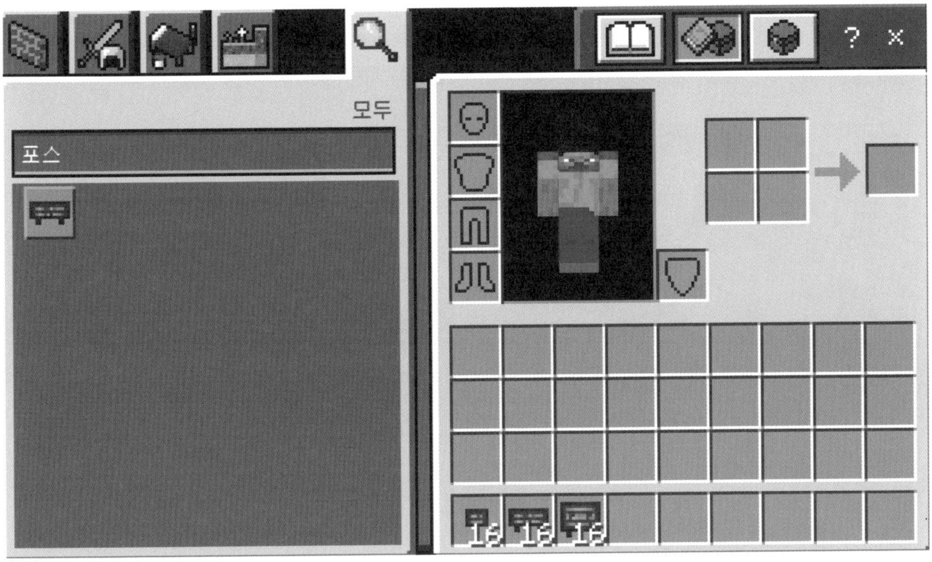

〈소지품 창으로 아이템 옮기기〉

배치하고 싶은 아이템을 클릭하여 우측 소지품 창으로 옮기면 배치할 수 있다. 소지품 창에서 구분되어 있는 하단 9칸은 빠르게 사용하기 위해 설정하는 퀵메뉴이다. 키보드 1~9버튼을 이용해 해당 아이템을 활성화할 수 있다.

예를 들어, 위 상태에서 가장 작은 슬레이트를 선택하고 싶으면 1번, 포스터는 2번, 칠판은 3번을 누르면 된다.

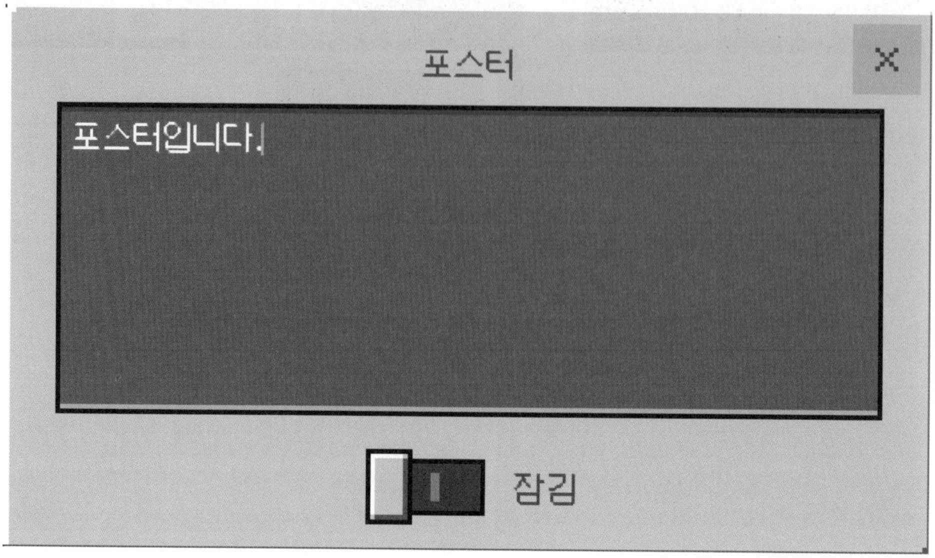

〈보드 편집 화면〉

보드를 바라보고 마우스 오른쪽 클릭을 누르면 전달하고 싶은 내용을 적을 수 있으며 ×를 눌러 편집을 마무리할 수 있다.

잠김 기능을 통해 호스트 외의 학생들이 보드 내용을 바꾸지 못하도록 설정할 수 있다. 배치된 보드의 크기는 다음과 같다.

〈보드별 크기. 좌측부터 슬레이트, 포스터, 칠판〉

〈클래스룸 모드 활성화〉

채팅창에 명령어 '/classroommode'를 입력하면 설치했던 클래스룸 모드 프로그램(학생 관리 프로그램)이 실행된다.

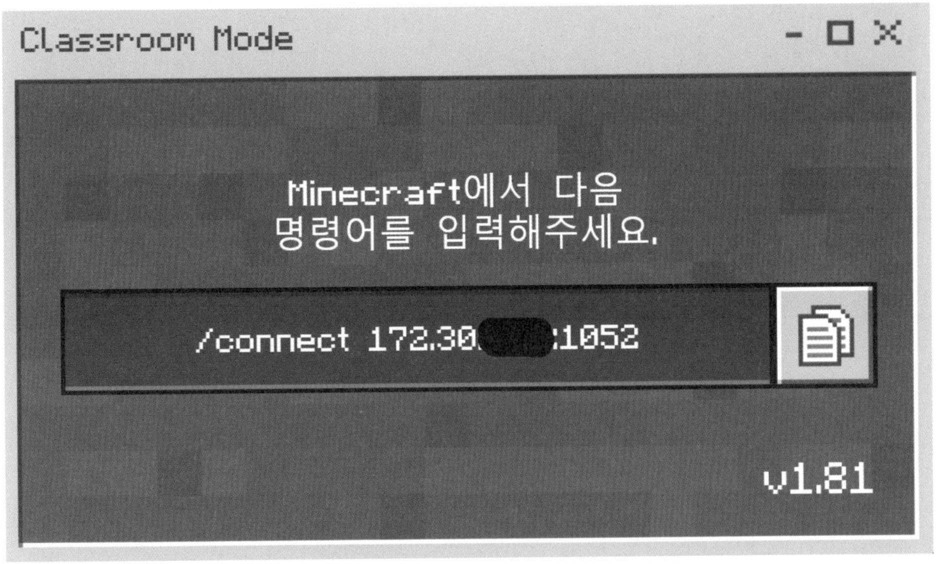

클래스룸 모드에서 제공된 명령어를 복사하여 다시 채팅창에 입력하면 클래스룸 모드가 활성화된 것을 볼 수 있다.

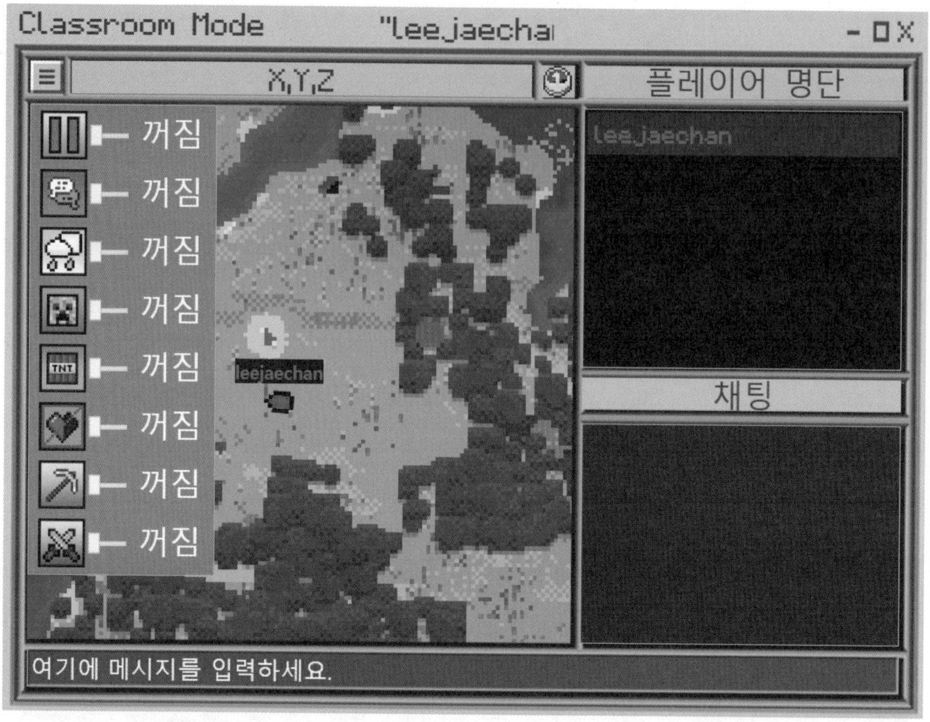

클래스룸 모드의 기능은 다음과 같다.

- 플레이어 명단, 채팅 확인
- 좌표 확인: 마우스를 맵에 가져다대면 해당 플레이어나 지형지물이 위치한 X, Y, Z좌표 표시
- 좌측 상단 게임 설정 활성화/비활성화: 위에서부터 '게임 일시 정지', '채팅 (비)활성화', '날씨 (비)활성화', '몬스터 (비)활성화', '폭탄 데미지 (비)활성화', '데미지 (비)활성화', '월드 변경 (비)활성화', '플레이어 간 공격 (비)활성화' 메뉴이다.

❹ 마인크래프트 교육용 에디션을 이용한 코딩 교육

마이크로소프트 오피스 365계정이 없더라도 마인크래프트 교육용 에디션에서 제공하는 코딩 교육을 경험해볼 수 있다.

〈마인크래프트 로그인 화면〉

계정 로그인을 해야 하는 화면에서 '계정이 없는 경우 체험판 수업을 시도해 보세요'를 선택하면 체험판으로 교육용 에디션을 실행할 수 있다.

상단에 Demo Lesson!이라고 적혀 있는 것을 확인할 수 있다. 수업 시작을 누르면 몇 가지 체험 콘텐츠를 플레이할 수 있다.

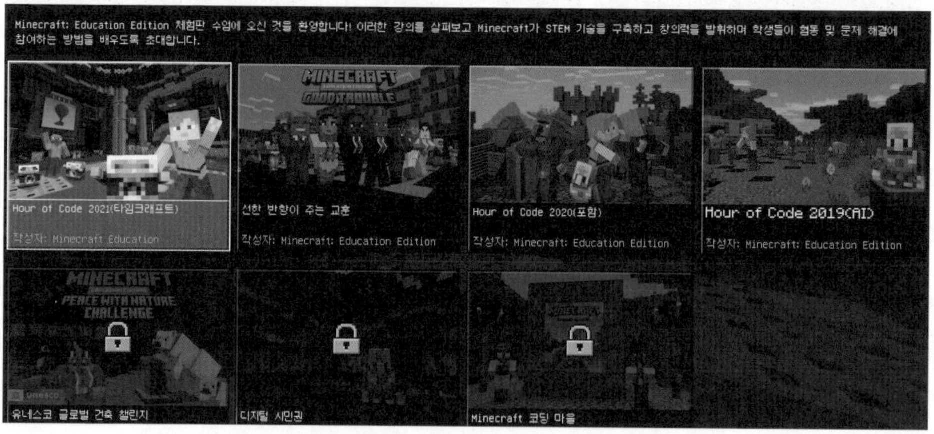

〈체험판에서 제공하는 수업 목록〉

Hour of Code가 코딩 콘텐츠이며 2022년 7월 기준 2019, 2020, 2021 총 3개의 코딩 콘텐츠를 체험할 수 있다. 이야기가 짜인 월드를 탐험하면서 블록 코딩 과제를 수행하는 것이 해당 콘텐츠들의 목표이다.

Hour of Code 2021(타임크래프트)
제작자: Minecraft Education
크기: 4.3MB
기간: 1시간
난이도: 초급
페이지: 7-18
월드 만들기
수업 계획
설명:
시공간을 넘나들며 코드를 이용해 더 나은 미래를 만들어보세요. 직접 모험을 선택하고, 인류 역사의 중요한 순간을 살펴보세요. 코딩 슈퍼파워를 사용해 과거의 이상한 문제를 해결해 미래를 구하고, 단서를 찾고, 패턴을 연결해 시간 범인을 찾아보세요.

콘텐츠를 선택하면 [월드 만들기]를 통해 바로 참여할 수도 있고, [수업 계획]을 누르면 해당 콘텐츠를 수업에 활용하기 위한 지침과 관련 자료를 확인할 수 있다.

테스트 영역으로 이동하기

Hour of Code 콘텐츠의 조작 방법은 기존 마인크래프트와 동일하며 진행을 위해 이동해야 할 곳을 반짝이는 빛으로 연결해서 보여준다. 대상과 상호작용을 할 때 마우스 오른쪽 클릭을 한다는 점만 학생들에게 알려주면 충분히 학생 스스로 콘텐츠 이수가 가능하다.

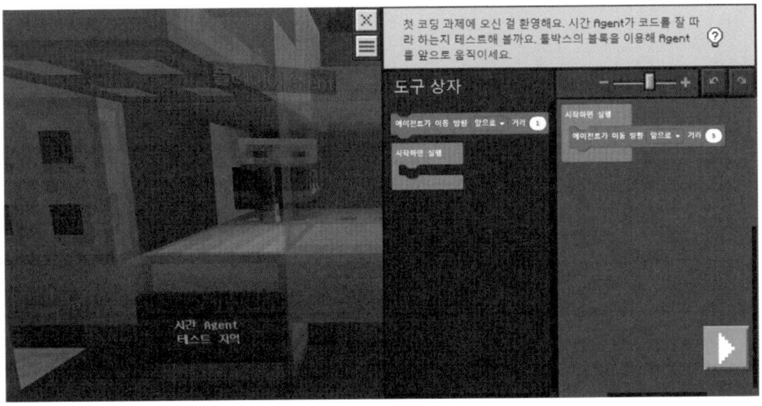
첫 코딩 과제에 오신 걸 환영해요. 시간 Agent가 코드를 잘 따라 하는지 테스트해 볼까요. 툴박스의 블록을 이용해 Agent를 앞으로 움직이세요.
도구 상자
에이전트가 이동 방향 앞으로 거리 1
시작하면 실행
시작하면 실행
시간 Agent
테스트 지역

〈Hour of Code의 코딩 과제〉

Chapter 04

VR과 AR, 코딩까지 체험하는 코스페이시스 에듀

Chapter 04

VR과 AR, 코딩까지 체험하는 코스페이시스 에듀

코스페이시스의 기능과 장점

코스페이시스 에듀(CoSpaces Edu)는 메타버스의 한 플랫폼으로서 가상의 공간과 캐릭터를 직접 제작할 수 있는 웹서비스다. 교육용으로 개발된 프로그램이기 때문에 연령 제한 없이 사용이 가능하다. 메타버스 공간 안에서 개인과 개인 사이의 직접적인 소통은 어렵지만 학생이 가상현실(VR), 증강현실(AR) 콘텐츠의 제작자가 되어 볼 수 있다는 점이 코스페이시스 에듀의 가장 큰 장점이다. 프로그램을 다루는 것이 그다지 어렵지 않기 때문에 기본적인 기능만 익힌다면 초등학교에서도 충분히 이를 활용한 수업이 가능하다. 무엇보다 3D 콘텐츠를 제작할 수 있기 때문에 학생들이 교실에서 실재감을 느끼며 가상현실을 체험해 볼 수 있다. 3D환경, 360˚이미지, 멀지큐브, 그리고 최근에는 투어 장면이 추가되어 다양한 장면 구성을 통해 창의적인 표현, 시각적 학습과 사고, 몰입을 경험할 수 있다. 가상 전시회, 공간 꾸미기, 디자인, 도형, 협동학습 등 다방면에서 폭넓은 활용이 가능하다. PC뿐만 아니라 모바일 환경에서도 사용이 가능하여 태블릿PC를 활용해 교실에서 바로 활용할 수 있다.

요즘 학생들은 4차 산업혁명 시대를 살아가야 한다. 교사가 지금 당장 새로운 프로그램을 배워 수업 현장에 적용하는 것이 부담스럽고 어렵게만 느껴질 수 있지만, 이러한 경험을 학생들에게 제공함으로써 새롭고 다양한 시각을 가질 수 있다면 충분히 가치 있는 일이라 생각한다. 물론 기본적인 기능만 소개한다면 학생들은 교사가 생각하는 것보다 훨씬 뛰어난 모습을 보여줄 것이다. 코스페이시스 에듀의 기능들을 소개하며 직접 수업에 적용한 예시를 소개하려 한다.

1 코스페이시스 에듀 1단계-계정 생성 및 설치

1) 계정 만들고 체험판 활성화 하기

코스페이시스 에듀는 교사용으로 가입이 가능하다. 메일과 아이디, 비밀번호를 설정하고 확인 메일을 확인하는 것으로 간단하게 가입이 가능하다. 교사용 계정으로 가입하면 다음과 같이 학급을 만들 수 있다. 무료로도 사용이 가능한데, 무료 버전은 최대 29명의 학생을 초대할 수 있고 최대 2개의 코스페이시스만 생성할 수 있다. 그리고 클래스 1개, 과제제시도 1개만 가능하고 최대 10개의 외부 파일을 업로드할 수 있다. 코딩도 기본 CoBlocks에 있는 코드만 사용이 가능하다. VR과 AR 체험은 모두 가능하지만 멀지큐브는 사용할 수 없다. 이에 반해 유료버전인 프로는 코스페이시스의 모든 기능을 활용할 수 있다. 공동 교사 추가가 가능하고, 만든 작품을 갤러리에 게시도 할 수 있다. 또 갤러리에 있는 작품을 복제하여 사용할 수도 있다. 코딩에서도 스크레치나 엔트리와 동일하게 코블록스 모든 코드를 활용하여 블록코딩을 할 수도 있고 전문가용 스크립트 언어로 코드를 작성하는 것도 가능하다. 물리엔진은 개체에 적용시키면 질량, 탄력 등 물리적인 요소를 추가할 수 있는 기능이다. 실재감 있는 표현이 가능해진다. 유료버전도 가격에 따라 초대할 수 있는 학생의 수가 달라진다. 교사용으로 가입하고 코스페이시스에 견적서를 요청할 수 있다.

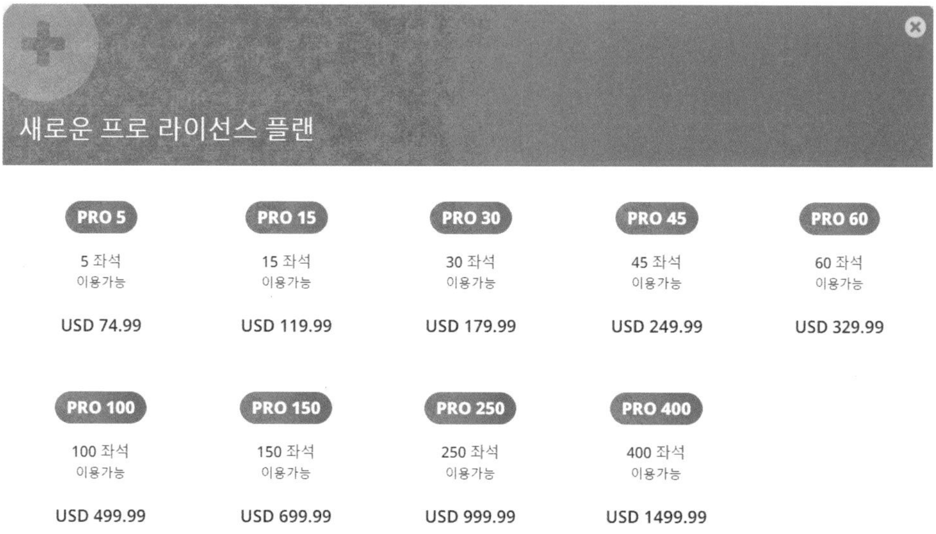

〈코스페이시스 홈페이지 가격 안내표〉

그리 저렴한 가격은 아니다. 처음 가입하면 체험판 코드를 입력하여 30일간 체험판 사용이 가능하다. 우선 체험판으로 충분히 교육에 활용하여 보고 교육적 활용 가치가 있고 필요하다고 판단되면 결제를 하면 된다. 체험판을 활성화하면 30일간 100개의 좌석 사용이 가능하고 모든 기능을 활용할 수 있는 유료 버전을 사용할 수 있다.

코스페이시스는 크롬에 최적화되어 있기 때문에 크롬으로 접속한다. 태블릿PC나 스마트폰 등 모바일 환경인 경우에는 어플을 다운받아 실행할 수도 있다. 외국에서 만들어졌기 때문에 페이지의 기본 언어는 영어다. 쉽게 사용하기 위해 마우스 오른쪽 버튼을 클릭하여 한국어로 번역을 하면 편리하다.

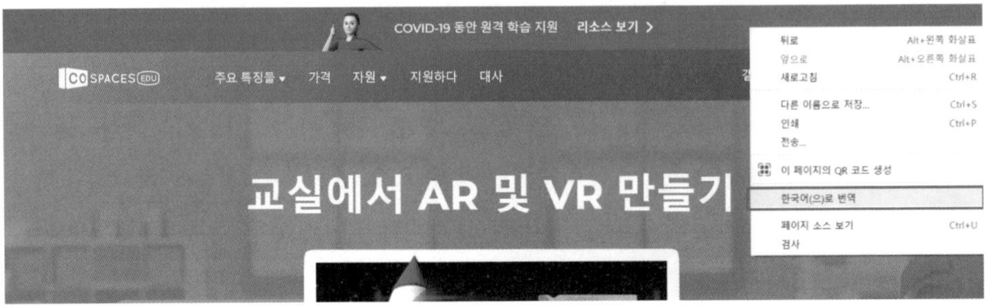

교사용 계정을 만들기 위해 오른쪽 상단의 로그인 버튼을 클릭하고 스크롤을 내려 아직 계정을 만들지 않았나요 버튼을 클릭한다. 그리고 선생님을 선택하면 약관에 동의를 하고 아이디와 비밀번호, 이메일을 입력한다. 입력한 이메일로 확인 메일이 가는데 받은 메일을 통해 본인확인을 하면 계정만들기가 완료된다. 구글 아이디나 애플, 마이크로소프트 등의 기존 아이디로도 로그인이 가능하다.

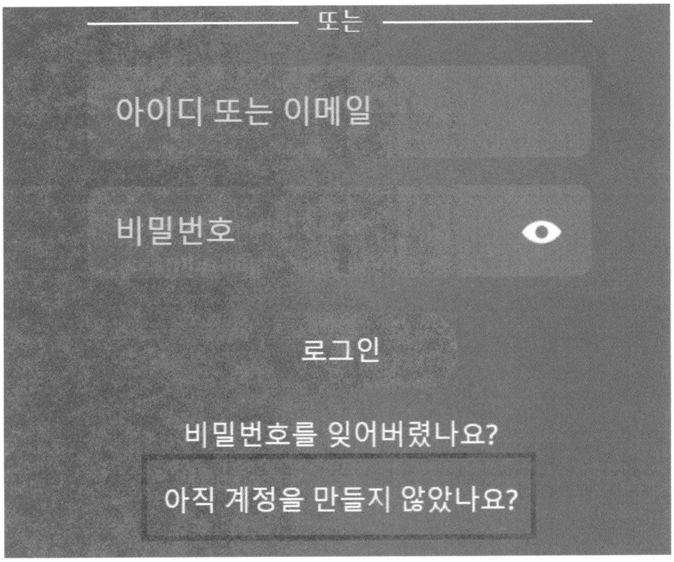
또는
아이디 또는 이메일
비밀번호
로그인
비밀번호를 잊어버렸나요?
아직 계정을 만들지 않았나요?

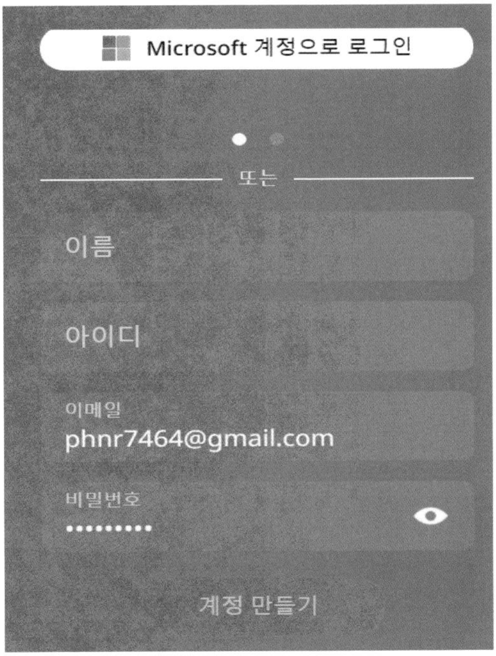
Microsoft 계정으로 로그인
또는
이름
아이디
이메일
phnr7464@gmail.com
비밀번호
••••••••••
계정 만들기

〈계정 만들기 화면〉

〈메일로 도착했을 때 누르는 버튼〉

이제 체험판을 활성화해보자.
첫 화면에서 왼쪽 하단에 있는 프로로 업그레이드 하기 버튼을 클릭한다.

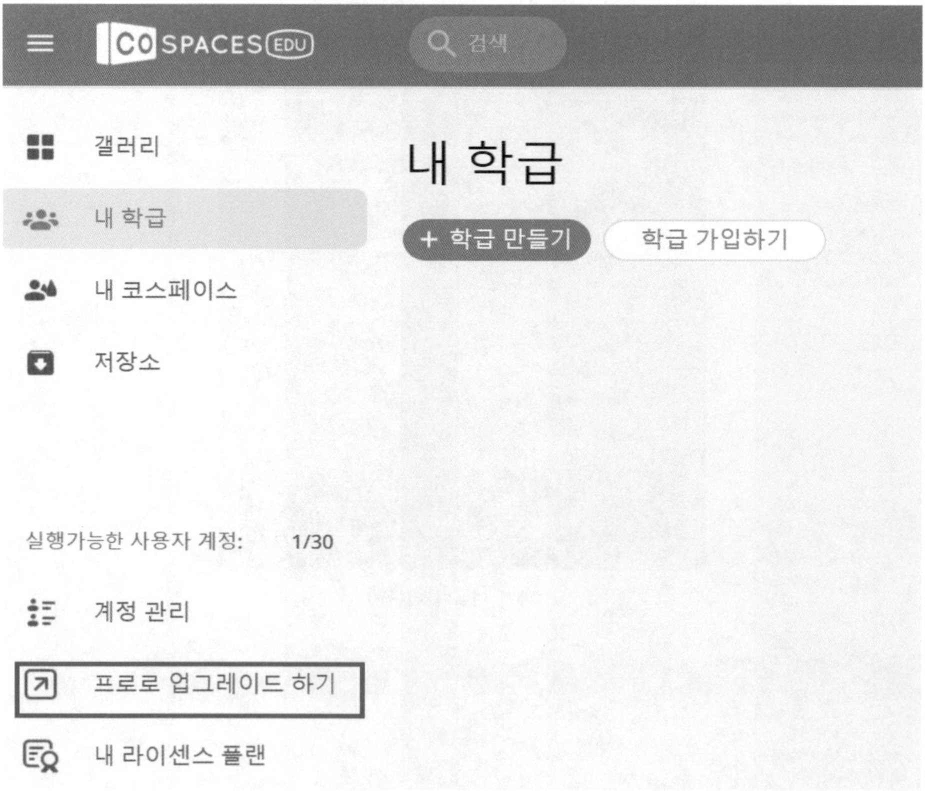

그럼 이와 같은 창이 뜨는데 마지막 체험판 활성화하기를 클릭하면 체험판 코드를 입력하라고 한다.

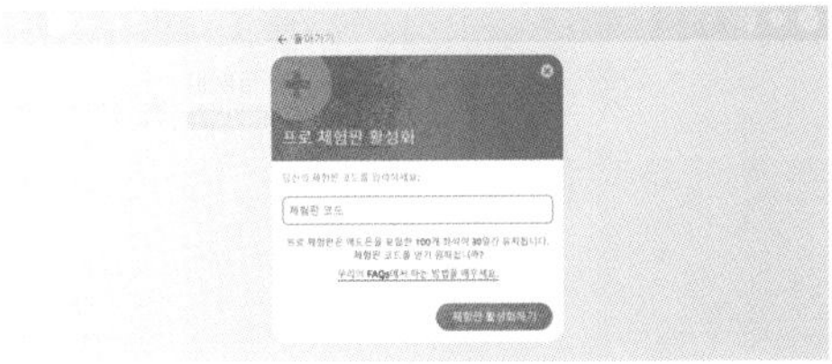

체험판 코드는 코스페이시스 대한민국 엠베서더의 트위터 프로필에 기재되어 있다. 다시 맨 처음 홈으로 돌아가 상단의 메뉴 중 대사를 클릭한다. 여러 나라의 대사 중 우리나라 대사를 클릭하면 두 분의 얼굴이 뜨는데 그 중 두 번째를 클릭하면 자동으로 엠베서더의 트위터로 접속이 가능하고 프로필의 체험판 코드를 입력해주면 된다.

(체험판 코드–COSMANCHOI)

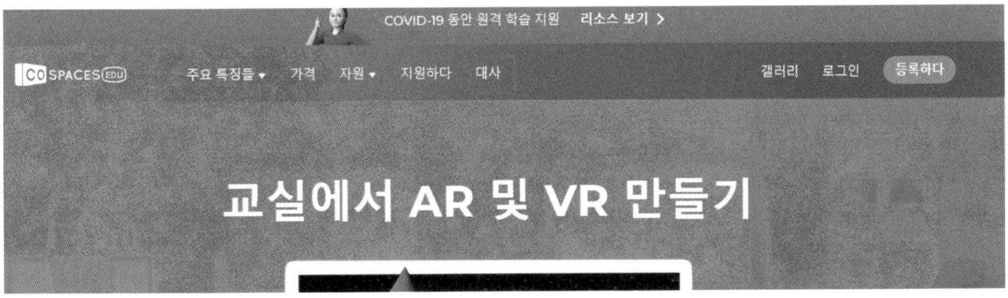

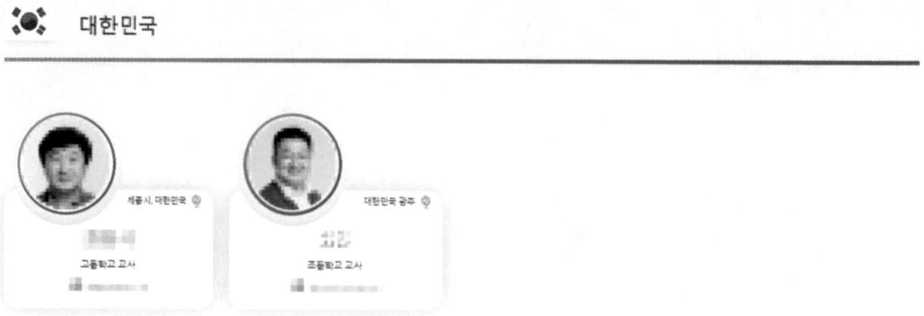

체험판을 활성화하면 30일간 100개의 좌석 사용이 가능한 유료 버전을 사용할 수 있다.

2) 학급에 학생 초대하고 학급과제 제시하기

교사용 계정을 만들어 로그인을 하면 이와 같은 화면이 나타난다. 학급만들기 버튼을 클릭하여 학급을 만든다.

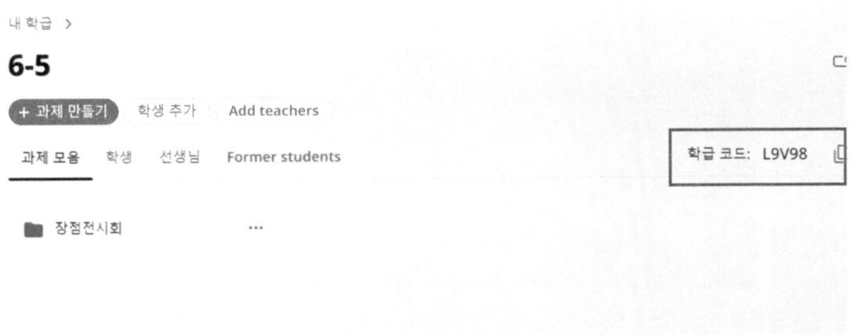

그러면 바로 학급 코드가 생성된다. 이 학급 코드를 학생들에게 공유하면 학생은 학급에 들어올 수 있다. 학생이 계정을 만들 때 이 학급코드를 입력하고 계정을 만들면 학급으로 바로 입장이 가능하다. 이렇게 되면 학생은 교사가 제시한 과제를 볼 수 있고 학생이 작품을 만들면 교사의 계정에서 실시간으로 확인이 가능하다. 만약 학생이 계정을 만드는 것을 힘들어한다면 교사가 미리 학급의 학생 수대로 계정을 만들어놓고 아이디와 비밀번호를 알려주어 진행할 수도 있다.

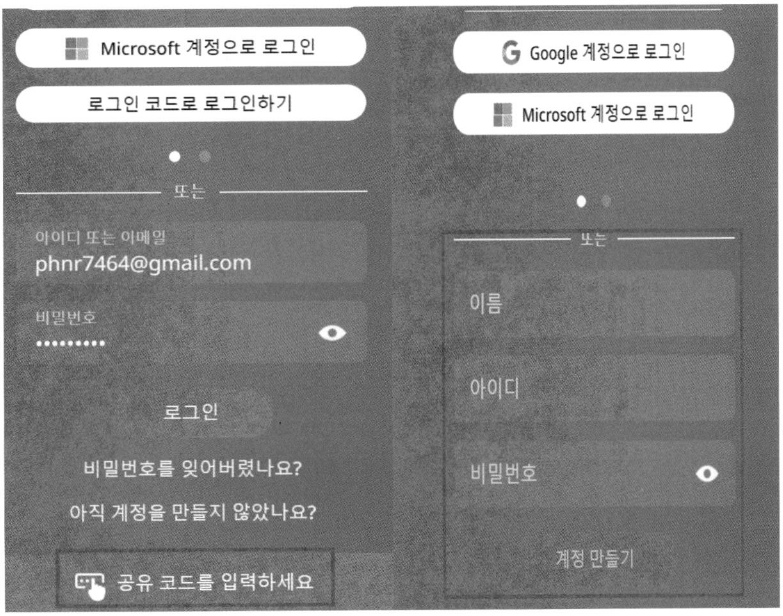

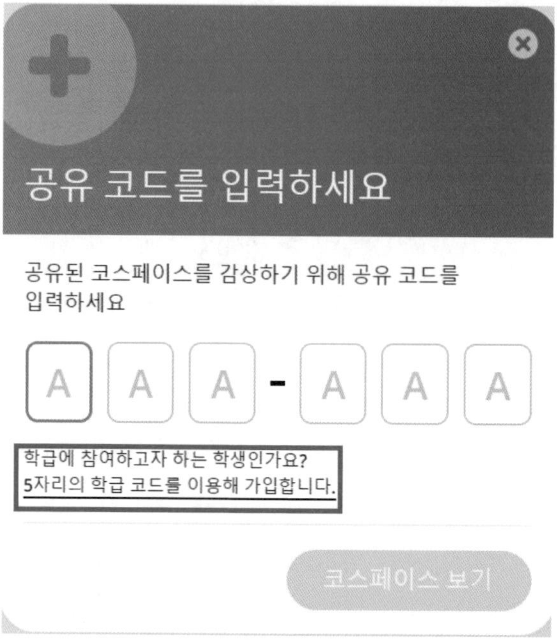
공유 코드를 입력하세요
공유된 코스페이스를 감상하기 위해 공유 코드를 입력하세요
A A A - A A A
학급에 참여하고자 하는 학생인가요?
5자리의 학급 코드를 이용해 가입합니다.
코스페이스 보기

CO SPACES EDU
선생님이 학급 코드를 알려줄 것이고, 그것으로 코스페이스 에듀의 첫번째 수업에 참여할 수 있습니다.
계속하기

학생 초대까지 완료되었다면 과제만들기 버튼을 클릭하여 과제를 제시하고 본격적인 코스페이시스 활용이 가능하다. 내 학급으로 들어가 과제만들기를 클릭한다.

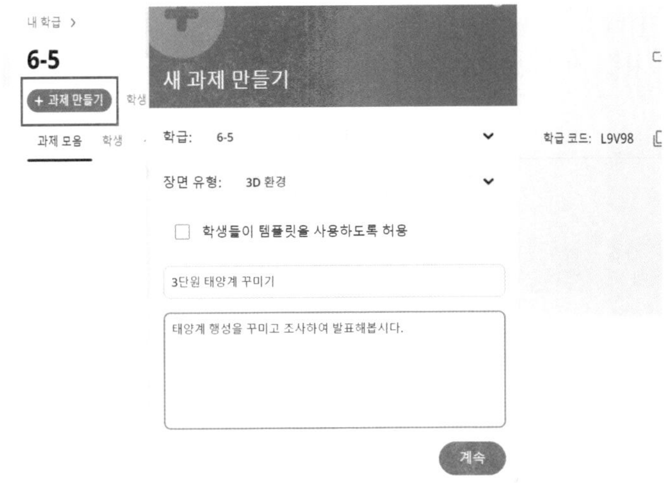

새로 뜨는 창에서 장면 유형을 정하고 과제의 내용을 적어주면 된다. 이때 학생들이 템플릿을 사용하도록 허락할 수 있고 사용하지 못하게 할 수도 있다. 과제 제목을 적어주고 과제 내용을 아래 칸에 적어준다. 개별 과제로 제시할 수 있고 모둠 과제로 제시하여 협동학습으로 진행할 수 있다. 개별 과제는 학생 개인에게 과제가 주어지기 때문에 작품을 만들 때는 자신의 작품만 볼 수 있다. 반면에 모둠 과제로 제시했다면 그룹에 속한 학생들이 모두 과제를 볼 수 있다. 그룹을 만들고 모든 학생들을 넣어서 장면 추가하기를 활용하면 하나의 과제로 여러 명이 서로 공유할 수 있다. 그룹 수와 참여 학생을 수시로 변경할 수 있다.

2 코스페이시스 에듀 2단계-공간 만들기

1) 3D 환경 템플릿으로 가상공간 만들기

그럼 본격적으로 코스페이시스 장면의 종류를 알아보고 템플릿을 통해 가상공간을 제작해보도록 하겠다. 코스페이시스는 3D 환경, 360° 이미지, 멀지큐브 이렇게 세 가지 장면 선택이 가능하다.

첫 번째 3D 환경은 3차원 공간에 학생이 원하는 바를 자유롭게 표현할 수 있다. 선택 가능한 세 가지의 장면 중 어떻게 보면 가장 활용도가 높다고 할 수 있다. 가상의 공간 만들기, 입체 건축물 디자인하기, 전시회나 박람회, 박물관 만들기, 입체 장면 꾸미기 등을 주제로 수업하기에 적합하다. 장면을 만들고 태블릿PC, 스마트폰 등 모바일 기기를 이용하여 AR, VR체험이 모두 가능하다.

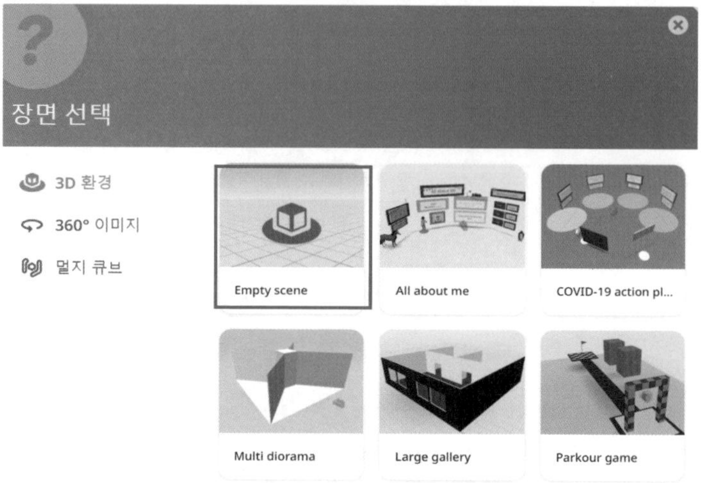

이것이 3D환경 장면에서 제공되는 템플릿이다. 모두 3D로 표현되어 있다. 제작된 템플릿은 프로버전에서만 활용이 가능하다. 자기소개하기, 갤러리, 박물관 틀이 있고 마지막은 파쿠르 게임 템플릿이다. 수업 주제와 맞다면 바로 적용할 수 있고 수정이 가능하기 때문에 수정하여 사용해도 된다. 또, 학생들과 수업하며 처음 코스페이시스를 다룰 때 연습 시 사용하면 좋다. 자기소개 틀을 열어보면, 수정만 조금 하면 자기 소개와 같은 단순한 활동도 재미있게 할 수 있다.

첫 번째 빈 공간을 클릭하면 이렇게 구성된 장면의 시점이 되는 카메라가 있고 3차원의 공간을 볼 수 있다. 이곳을 기본으로 장면을 구성하게 된다.

5학년 과학 3단원 태양계와 별 단원의 차시를 적용해 만들어 본 3D 환경의 장면이다. 이 단원은 태양계의 구성 행성과 크기, 행성 간의 거리 등 특징을 알아보는 내용의 단원이다. 이를 위해 우주 공간을 입체적으로 표현하고 태양계를 제작하여 VR과 AR로 체험한다면 학생들은 기존 수업보다 훨씬 더 수업에 몰입할 수 있고 우주에 대한 관심을 끌어올릴 수 있을 것이다. 아래는 3D환경을 활용해 태양계를 표현한 모습이다.

이 수업은 교사가 제작하는 것이 아니라 학생이 주체가 되어 태양계를 만들고 행성의 크기를 비교해보거나 행성 간의 거리를 고려하여 배치해보도록 한다. 또한 문장넣기 기능을 활용해 각 행성에 대해 조사한 내용을 추가할 수도 있다. 장면 구성하는 방법은 뒷부분에서 자세히 다루도록 하겠다.

2) 360° 이미지 템플릿으로 VR 콘텐츠 만들기

두 번째 장면은 360° 이미지다. 이것은 360° 이미지를 이용하여 공간감을 살린 장면을 구현할 수 있다. 빈 공간만 있고 기본 템플릿은 제공되지 않는다. 360°로 촬영된 사진만 있다면 배경 넣기만으로 VR콘텐츠를 제작하고 실제로 가보는 듯한 경험을 할 수 있다. 활용 방안을 생각했을 때 세계 지리, 지역 문화재 등을 주제로 수업할 때 유용하게 쓰일 수 있다. 직접 경험이 어렵다면 학생들의 흥미가 급격히 저하되는 사회 수업에서 충분한 시각적 학습과 몰입교육이 가능할 것이다.

이를 적용해 본 수업은 사회 4학년 1학기 2단원 우리가 알아보는 지역의 역사다. 이 단원은 우리 지역의 문화유산을 찾아 조사하고 발표하는 내용의 단원이다. 조사 방법을 알아보고 답사계획을 세워 직접 답사를 한 후, 문화유산을 소개하는 활동을 주로 하게 된다. 이때, 모둠별로 답사한 문화유산을 360° 이미지 장면으로 꾸며 발표하고 VR 체험을 하며 그 내용을 공유할 수 있는 것이다.

첨성대의 구조
첨성대 : 삼국 신라 시기의 만들어진 천문관측소이다. 가장 오래된 천문관측소이며 석조건물이다.
1/2

옛날 첨성대의 모습과 현재 첨성대의 모습. 예전에는 만지거나 올라가는 것이 가능하였으나 현재는 금지입니다. 문화재를 소중히 여기는 마음을 가집시다.
우리 고장 문화유산 첨성대에 대해 소개하겠습니다.
YouTube
1/2

위의 그림은 경주에 위치한 첨성대를 예시로 만들어 본 360° 이미지 장면이다. 첨성대에 대한 기본적인 설명이 들어가고 관련 유튜브 링크를 삽입하였다. 또 라이브러리의 요소를 이용하여 장면을 꾸미는 것이 가능하고 퀴즈도 배치할 수 있다. 스마트 기기와 구글 카드보드와 같은 머리 착용 디스플레이(HMD, Head Mounted Display)를 활용하여 VR로 체험하며 모둠의 조사 내용을 공유할 수 있다. 다음 사진은 VR모드로 보는 화면이다.

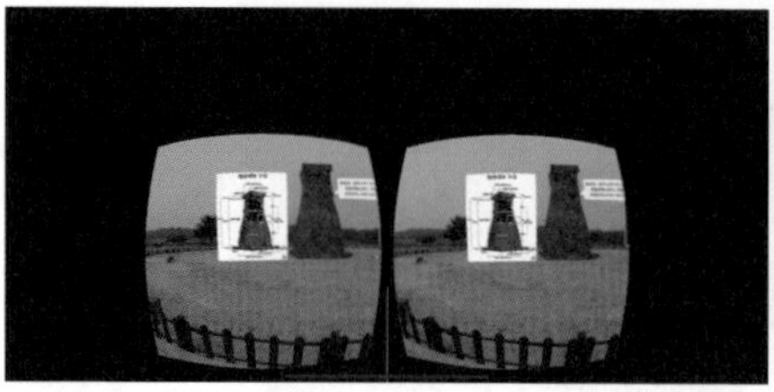 

얼마 전, 새로운 장면인 '투어'가 베타버전으로 추가되었는데 360° 이미지와 거의 비슷한 기능인 것 같지만 장면과 장면을 연결하여 공간의 확장이 가능하다는 점에서 차이점이 있다.

3) 멀지큐브 템플릿으로 AR 콘텐츠 경험하기

코스페이시스의 세 번째 장면은 멀지큐브다. 멀지큐브 틀을 이용하여 장면을 꾸미고 AR로 감상할 수 있다. 이 기능은 아쉽게도 유료 버전에서 멀지큐브 애드온을 추가해야 사용이 가능하다.

템플릿을 살펴보면 다음과 같이 빈 멀지큐브가 있고 템플릿은 독후활동도 있고 코로나19관련 정보, 태양계 행성들이 있다.

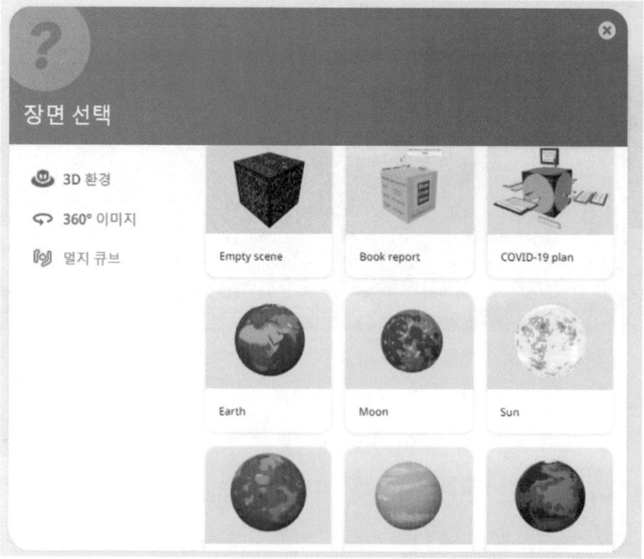

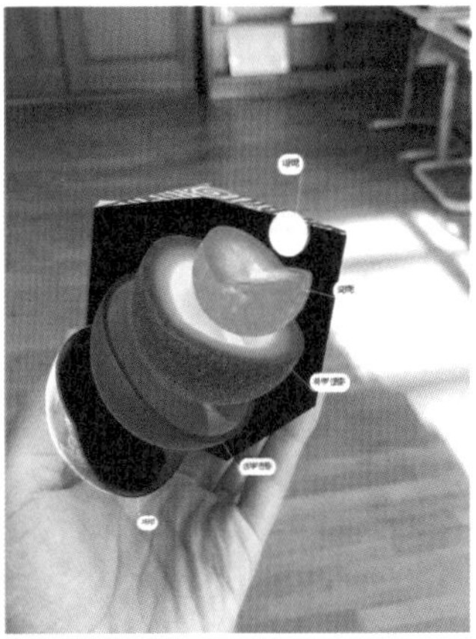

멀지큐브를 활용한 또 다른 어플을 이용해 이미 만들어진 콘텐츠를 경험해 볼 수 있다. 대표적인 어플로 멀지오브젝트뷰어, 멀지익스플로러가 있다.

Merge Object Viewer

Merge Explorer

두 개 어플의 내용은 거의 비슷한데, 담고 있는 콘텐츠의 종류가 조금 다르다. 무료로 제공되는 콘텐츠가 있고 유료로 결제를 해야 사용이 가능한 콘텐츠도 있다. 원하는 콘텐츠가 있다면 만들지 않아도 수업 중 바로 적용이 가능하다. 큐브로 증강현실을 볼 수 있고, 마커가 없는 증강현실도 보는 것이 가능하며 모드를 바꾸어서 3D로 볼 수 있다. 큐브모드와 세계모드는 VR로 보는 것도 가능하다.

증강현실의 장점은 콘텐츠를 현실 세계로 불러와 원하는 대로 관찰할 수 있다는 점이다. 고대 유물, 화석, 지구나 행성 등 다양한 콘텐츠가 있어 수업에 활용할 수 있다. 학생들이 직접 조작하며 관찰하고 학습할 수 있어 재미있는 수업이 가능하다.

③ 코스페이시스 에듀 3단계-실제 적용해보기

1) 3D 환경 장면으로 태양계 만들고 VR 경험하기

① 배경과 오브젝트 넣기

코스페이시스의 각 장면마다 교육에서 어떻게 활용될 수 있는지 예시를 보고 조작 방법을 익혀보도록 하자. 이번에 적용한 수업은 5학년 과학 3단원 태양계와 별이다. 태양계의 구성 행성과 크기, 행성 간의 거리 등 특징을 알아보는 내용의 단원이다.

학생 계정으로 로그인하면 다음과 같이 과제가 제시되어 있다. 과제를 클릭하면 빈 공간과 가운데 카메라 모양만 있다. 땅과 하늘이 구분되어 있다.

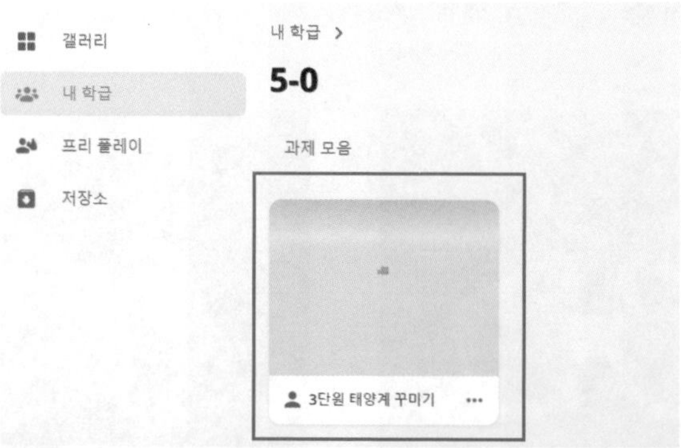

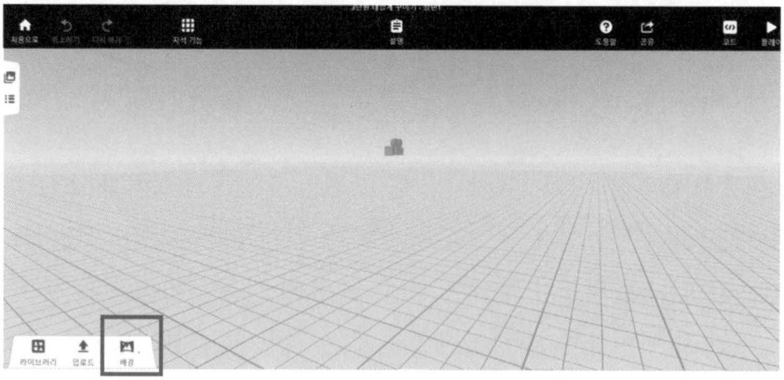

공간을 우주로 바꾸기 위해 배경을 선택해야 한다. 왼쪽 하단에 보면 [배경]이라는 탭에 보인다. 클릭하면 배경, 효과, 필터 등을 고를 수 있다. 배경의 [수정] 버튼을 누른다.

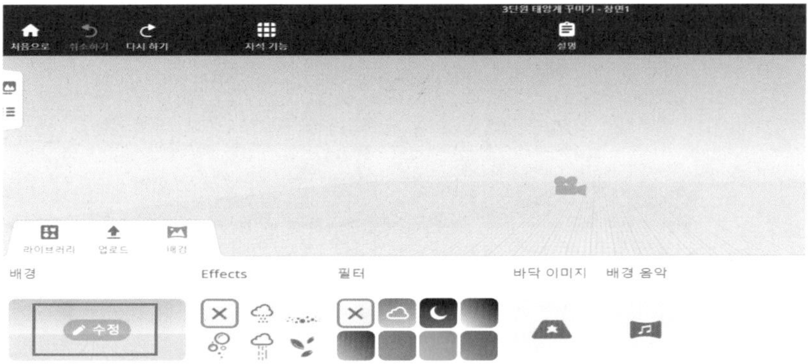

여러 가지 기본 배경이 나오는데 여기서 우주 공간을 선택해준다. 수업 주제에 맞게 선택해주면 따로 만들지 않아도 돼서 편리하다. 배경만 바뀌어도 수업에 대한 몰입감이 달라질 것이다. 그 외에도 필터를 이용해 날씨를 표현하거나 낮과 밤을 구분할 수도 있다. 바닥을 기존에 가지고 있는 이미지를 사용해 바꿀 수 있고 배경음악을 삽입할 수 있어 다양하게 활용이 가능하다.

배경이 바뀌었으면 이제 라이브러리에서 태양계의 행성을 가져올 차례다. 라이브러리에는 장면을 꾸미는 데 활용할 수 있는 많은 개체들이 있다. 필요한 것을 찾아서 장면으로 끌어오면 삽입이 가능하다. 직접 찾아도 되고 찾는 것이 보이지 않을 때는 검색을 하면 된다. 검색은 영어로만 가능하다.

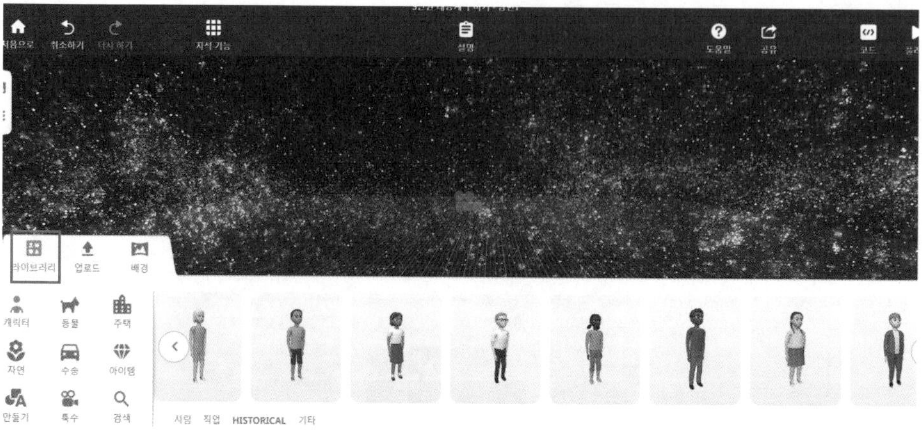

태양계를 꾸밀 행성은 자연 탭에 있었다. 아래와 같이 검색을 해도 된다.

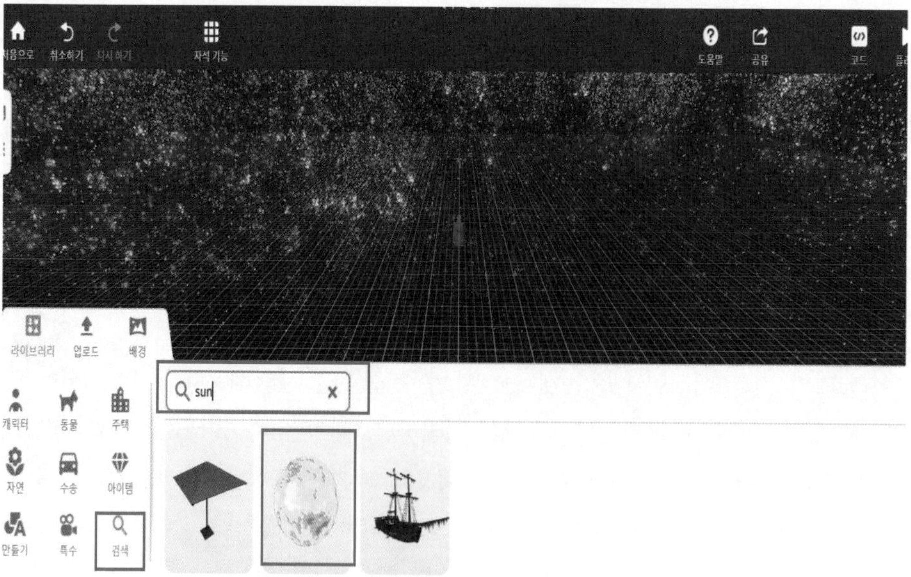

가운데 있는 카메라가 비추고 있는 곳은 완성 후 플레이를 했을 때 처음 시작이 되는 부분이다. 카메라의 위치를 옮기거나 방향을 조정해 첫 화면이 될 곳을 비추게 해야 한다. 카메라를 비롯한 모든 개체는 한번 클릭하면 크기변경, 이동, 방향을 조정할 수 있는 메뉴가 화면에 나타난다. 3D 환경이기 때문에 입체적으로 움직이는 것이 가능하다. 마우스 스크롤로 화면을 확대하거나 축소할 수 있다. 마우스로 클릭을 한 채로 화면을 움직이면 시점을 이동할 수 있다.

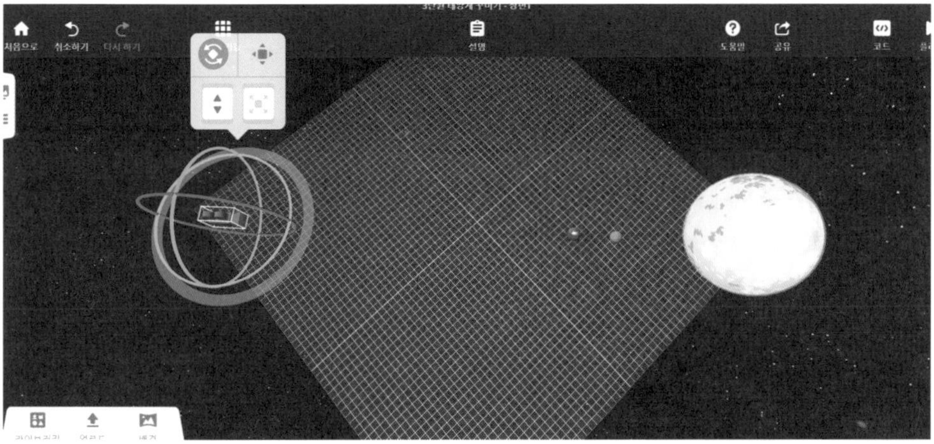

행성의 크기와 거리를 보기 위해서 시점을 위로 이동한 채 작업하는 모습이다. 이렇게 해서 모든 행성을 장면에 넣으면 태양계가 완성된다.

학생들이 수업 이후 태양계 행성의 크기와 행성 간의 거리를 비교하여 행성을 배치해보도록 할 수 있다. 또한 행성을 조사해보는 차시에서는 말풍선 기능을 활용하여 조사한 내용을 첨부할 수 있다. 개체를 두 번 클릭하면 개체에 적용할 수 있는 다양한 기능들이 나온다. 여기서 문장을 클릭하면 문장 삽입이 가능하다.

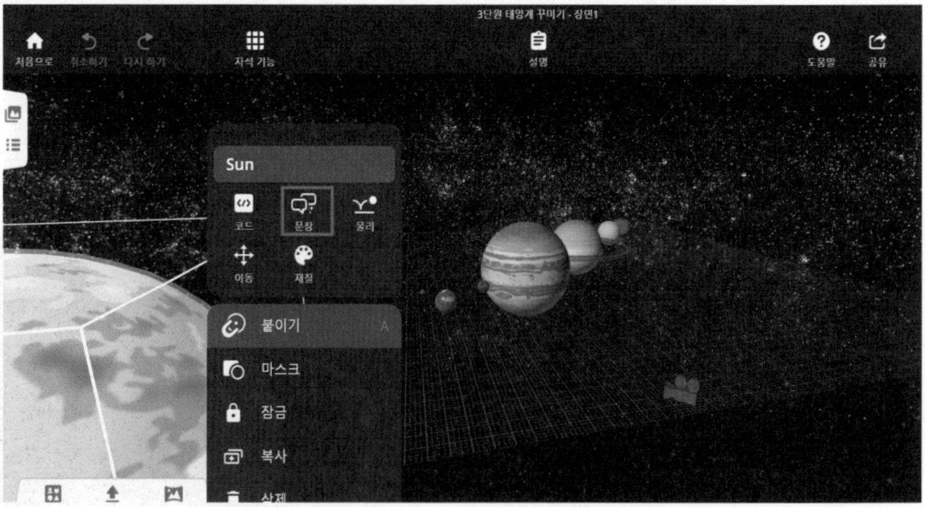

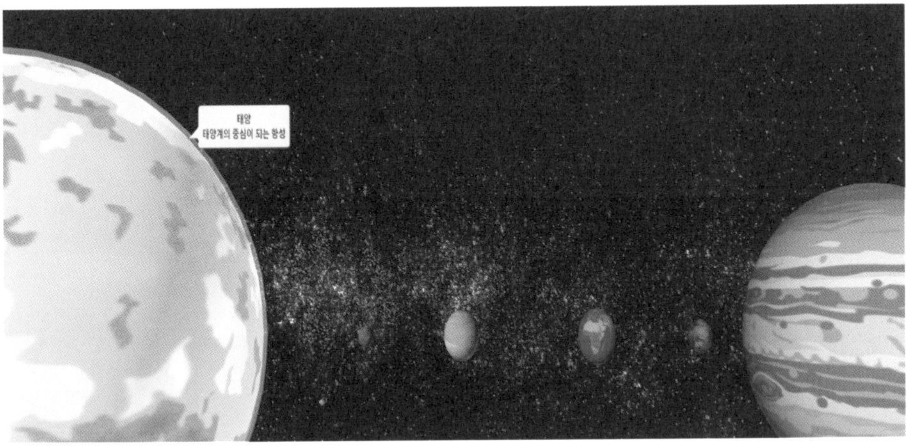

② 코딩하기

코스페이시스 장면에 넣을 수 있는 또 다른 기능 중 하나인 코딩에 대해 알아보도록 하자. 장면 안에 삽입된 모든 개체는 코딩이 가능하다. 이번 수업에서는 코딩을 활용하여 행성의 자전과 공전을 표현해보도록 하겠다. 엔트리나 스크래치 등 학생들이 이미 접해봤을 법한 코딩 프로그램과 동일한 방법이기 때문에 조작하는 것이 어렵지 않아 학생들은 금방 적용할 수 있다.

개체를 더블클릭하면 해당 개체에 적용할 수 있는 기능이 뜬다. 여기에서 코드를 클릭하고 비활성화되어 있는 코블록스에서 사용을 활성화해준다. 이렇게 활성화시킨 개체만 코드를 입력할 수 있다.

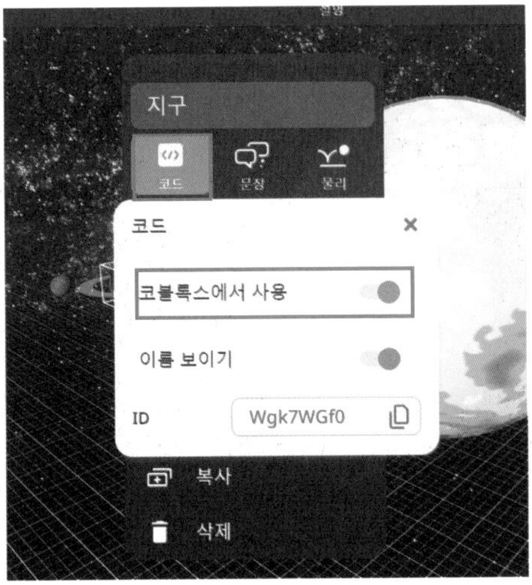

활성화시킨 다음 오른쪽 상단의 코드를 클릭하면 코드를 입력할 수 있는 창이 나온다. 왼쪽 종류 중 원하는 코드를 드래그해서 오른쪽으로 가져오면 되는 아주 쉬운 방법이다.

지구의 공전을 표현하기 위해 지구와 태양을 더블클릭하여 코블록스에서 사용을 활성화했다. 이제 코드를 클릭하여 원하는 코드를 드래그하여 넣었다. 이때 공전을 표현하기 위해 바꿔야 하는 것을 바꿔준다. 시간을 알맞게 정해주고 원점, 회전의 기준이 되는 것을 태양의 위치로 변경해준다. 방향도 지구의 공전 방향인 반시계방향으로 바꾸고 360도 회전으로 설정한다. 알맞게 적용되었는지 확인하기 위해 플레이 버튼을 누르면 태양을 중심으로 공전하는 지구를 관찰할 수 있다.

이렇게 간단한 코딩 외에도 다양한 코드가 있어 학생들의 창의력을 바탕으로 창의적인 장면 구성이 가능할 것이다. 교사가 어떤 코드를 그냥 제시하는 것보다 학생들이 다양한 코딩을 직접 적용하고 플레이해보고 차츰 원하는 장면으로 구성해 나가도록 지도하는 것이 좋다.

③ 태양계를 VR과 AR로 탐험하기

3D 환경에서 장면 구성이 완료되었으면, 다음 단계는 완성된 장면을 VR(가상현실)과 AR(증강현실)로 볼 수 있다. 이때는 태블릿PC, 스마트폰과 같은 모바일 기기가 있어야 한다. 코스페이시스 어플을 설치하고 접속한 후, 로그인하면 미리 만들어 두었던 학급의 과제에 들어갈 수 있다.

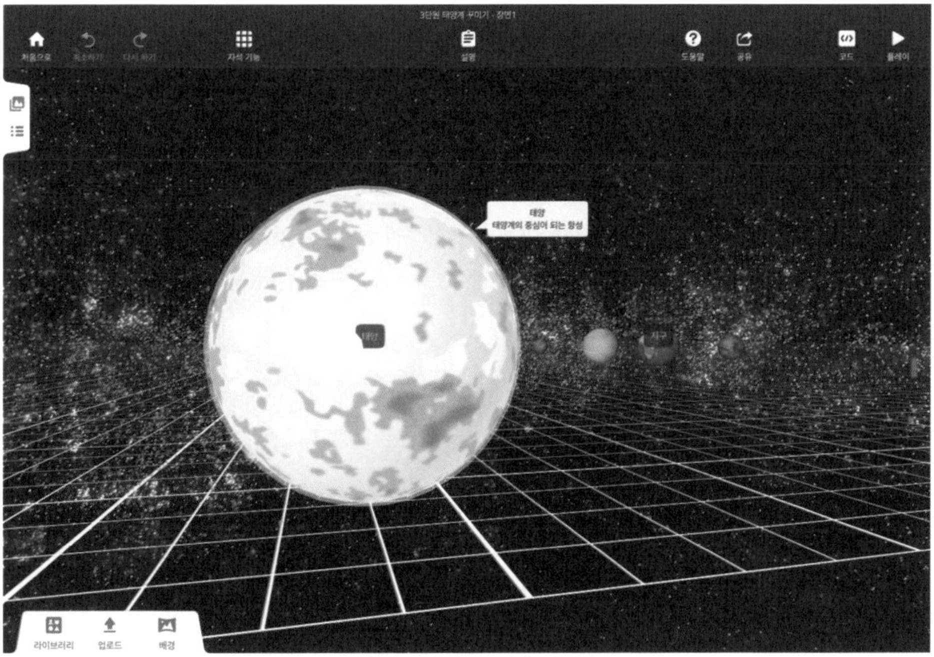

만들었던 과제가 그대로 보인다. 오른쪽 상단의 플레이 버튼을 누른다.

그리고 왼쪽 하단의 버튼을 클릭해준다. 그러면 VR과 AR을 선택해서 볼 수 있다. 자이로센서는 기기의 위치, 방향을 감지하는 센서로 켜두면 기기가 이동함에 따라 화면이 움직이는 것을 관찰할 수 있다.

사랑의교실

VR로 본 장면이다. 배경이 그대로이고 내가 움직이면 화면도 그에 맞춰 이동한다. VR기기나 구글 카드보드와 같은 HMD 머리 착용 기기를 활용하면 훨씬 실재감을 느끼며 VR 체험을 할 수 있다.

지구의 특징에 대해 조사해봅시다.
지구

AR로 보게 되면 배경은 사라지고 개체만 남는다. 시점이동과 확대가 움직이는 것이 모두 가능하다. 마지막으로 자이로 센서를 켜면 이렇게 기기를 들고 움직일 때마다 움직임이 감지되어 화면이 함께 이동한다.

2) 360° 이미지 템플릿으로 VR 콘텐츠 만들기

다음으로 다루어 볼 장면은 360° 이미지이다. 앞에서도 언급했듯이 360° 이미지를 활용하여 공간을 생성하고 장면을 꾸며 VR 체험을 할 수 있다. 세계 지리 분야에서 직접 가보지 못하는 곳을 만들어 체험하거나 역사 분야 가상의 장면을 만들어 경험하는 내용의 수업에 적용해 볼 수 있다. 직접 경험이 어렵다면 학생들의 흥미가 급격히 저하되는 사회 수업에서 충분한 시각적 학습과 몰입교육이 가능할 것이다.

이를 적용해 볼 수업은 사회 4학년 1학기 2단원 우리가 알아보는 지역의 역사이다. 이 단원은 우리 지역의 문화유산을 찾아 조사하고 발표하는 내용의 단원이다. 조사 방법을 알아보고 답사계획을 세워 직접 답사를 한 후, 문화유산을 소개하는 활동을 주로 한다. 이때, 모둠별로 답사한 문화유산을 360° 이미지 장면으로 꾸며 발표하면 VR 체험을 하며 그 내용을 공유할 수 있다. 그럼 이제 코스페이시스의 또 다른 기능을 활용하여 3D장면을 꾸미는 다양한 방법을 알아보도록 하자.

① 360° 사진 촬영하여 배경 넣기

360° 이미지 장면을 꾸미기 위해서는 배경이 될 360° 이미지가 필요하다. 수업 내용에 따라 구글이나 픽사베이 등에서 무료 이미지를 다운로드받는 것도 가능하지만 직접 촬영해야 하는 경우도 있다. 360° 카메라(VR카메라)가 있다면 좋겠지만 없는 경우가 많다. 이럴 때는 쉽게 접할 수 있는 무료 어플로도 360° 촬영이 가능하다. 촬영하는 것이 어렵지 않기 때문에 학생들에게도 알려주면 360° 사진을 찍고 수업에 활용할 수 있다. 대표적인 어플로 구글 스트리트뷰가 있다.

다음과 같이 어플을 다운받고 우측 아래 카메라 버튼을 눌러 360° 파노라마 사진찍기를 클릭해주면 설명에 따라 여러 차례 촬영을 한다. 촬영이 끝나면 어플에서 자동으로 파노라마 사진으로 만들어 저장할 수 있다.

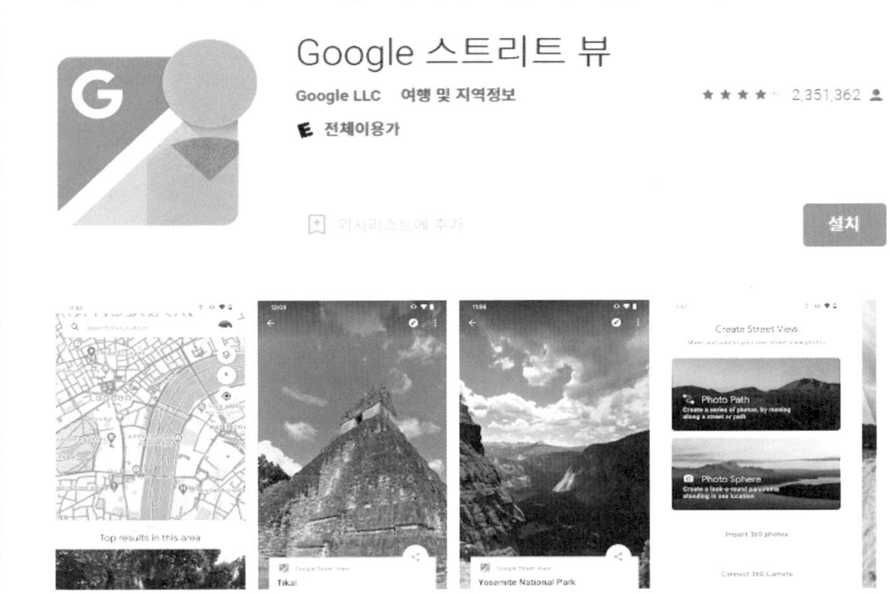

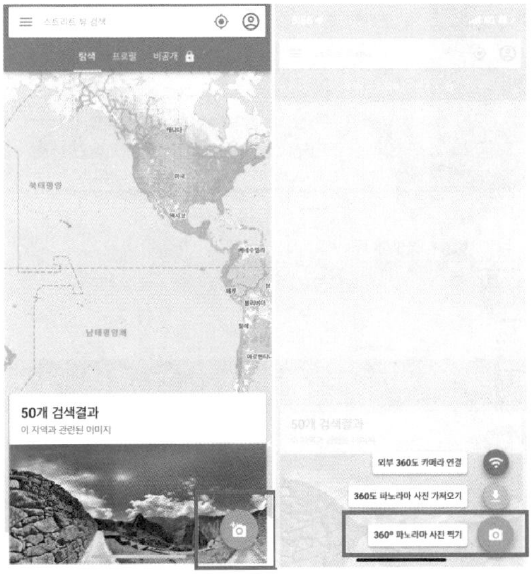

좌측 아래 메뉴 중 배경을 선택하고 수정 버튼을 클릭한다. 그리고 360° 이미지를 열어주면 배경이 적용된다. 이때, 화질이 너무 낮으면 이미지가 제대로 보이지 않아 실재감이 많이 떨어지기 때문에 되도록 높은 화질의 이미지를 활용하는 것이 좋다.

우리 지역의 문화유산 소개하기 - 장면 2
처음으로
취소하기
다시 하기
설명
도움말
공유
코드
플레이
라이브러리
업로드
배경
배경
Effects
필터
배경 음악
수정

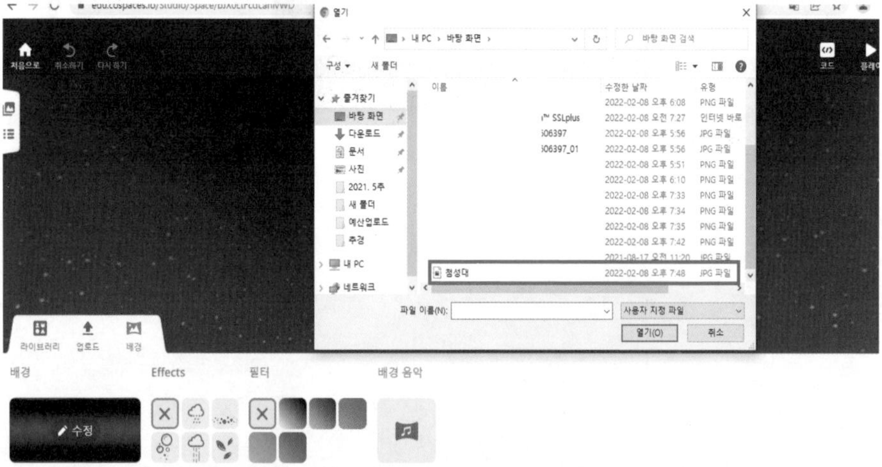
열기
내 PC › 바탕 화면 ›
바탕 화면 검색
구성
새 폴더
즐겨찾기
바탕 화면
다운로드
문서
사진
2021. 5주
새 폴더
예산업로드
추경
내 PC
네트워크
이름
수정한 날짜
유형
첨성대
2022-02-08 오후 7:48
JPG 파일
파일 이름(N):
사용자 지정 파일
열기(O)
취소
처음으로
취소하기
다시 하기
코드
플레이
라이브러리
업로드
배경
배경
Effects
필터
배경 음악
수정

우리 지역의 문화유산 소개하기 - 장면 2
처음으로
취소하기
다시 하기
설명
도움말
공유
코드
플레이
라이브러리
업로드
배경

앞서와 같이 화질이 높은 배경이 바뀌어 적용되었다. 마우스나 방향키를 이용하여 화면이동이 가능하다. 360° 이미지는 카메라가 따로 없어 시점을 변경하는 것은 실행되지 않는다. 이렇듯 360° 이미지만 있다면 어떠한 공간도 만들어낼 수 있다.

② 이미지, 소리 등 파일 업로드 하기

배경 넣기가 완료되어 공간을 형성하였으면 그 안에 이미지나 소리를 삽입하여 장면을 꾸밀 수 있다. 이번 수업 차시에서는 문화유산을 답사한 후 조사한 내용을 넣어야 하기 때문에 관련 이미지와 소리, 그리고 문화유산에 대한 설명을 넣어보도록 하겠다.

코스페이시스는 다양한 형태의 파일을 업로드할 수 있다. 이미지, 3D모델, 비디오, 소리, 그 외 파일도 업로드가 가능하다. 소리는 배경음악으로 설정이 가능하고 코딩을 할 때도 이용할 수 있다.

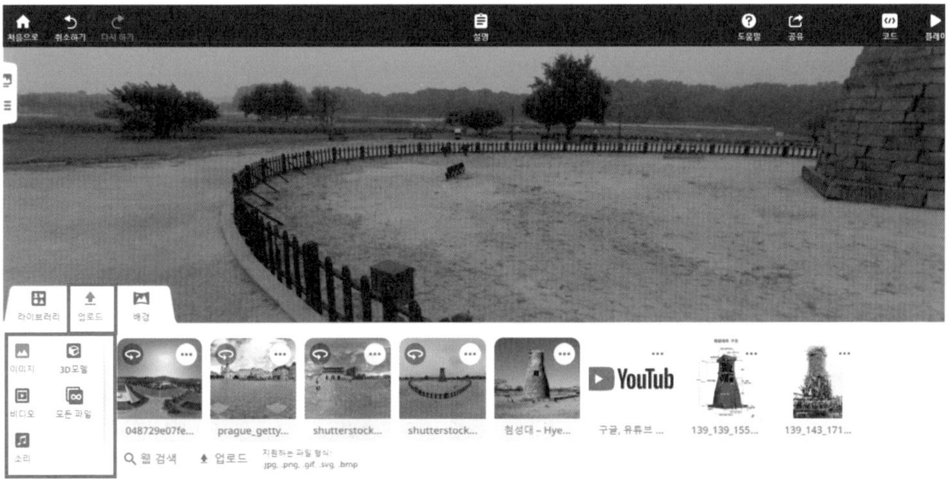

특히 이미지의 경우, 외부에서 다운로드 받지 않아도 웹검색 기능을 통해 웹에서 바로 가져와 드래그만 하면 삽입이 가능해서 편리하다.

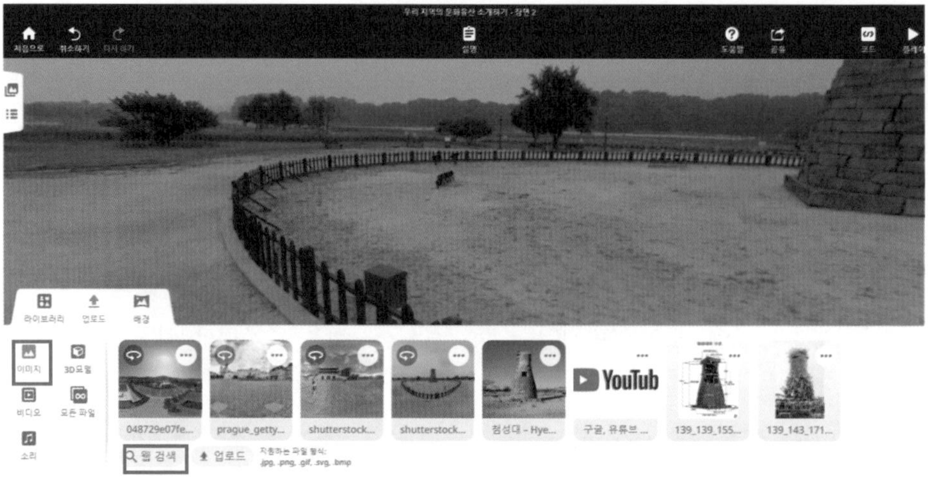

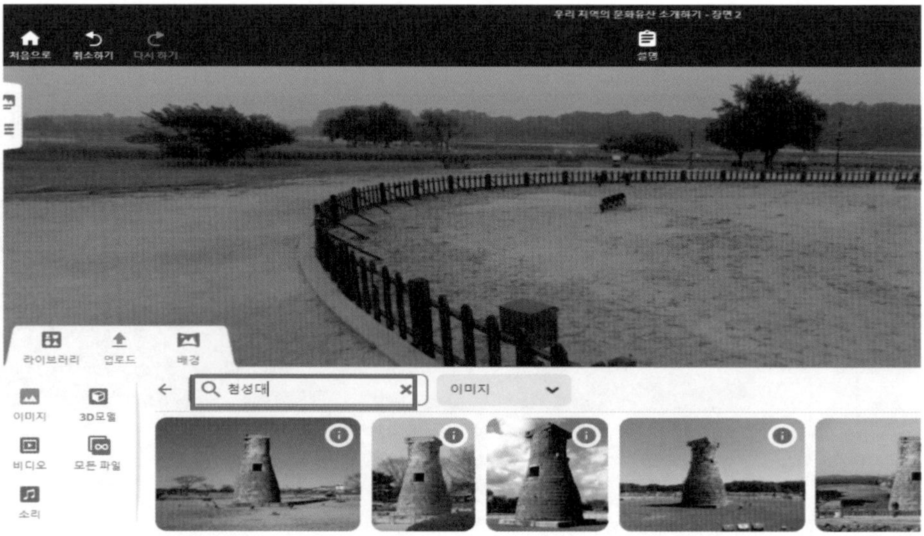

또한 소리도 외부에서 녹음하지 않고 녹음기능을 이용하여 바로 녹음하고 저장된 파일을 바로 삽입하는 것이 가능하다.

이미지나 비디오 파일을 넣을 때는 그냥 넣기보다 라이브러리의 개체를 먼저 넣고 거기에 자석 기능을 활용하여 자연스럽게 붙여서 꾸밀 수 있다. 이미지를 붙였을 때 자연스러울만한 칠판이나 게시판, 액자 등의 개체를 라이브러리에서 찾고 드래그하여 장면에 넣는다. 그리고 웹검색하여 찾은 이미지도 드래그하여 넣었다.

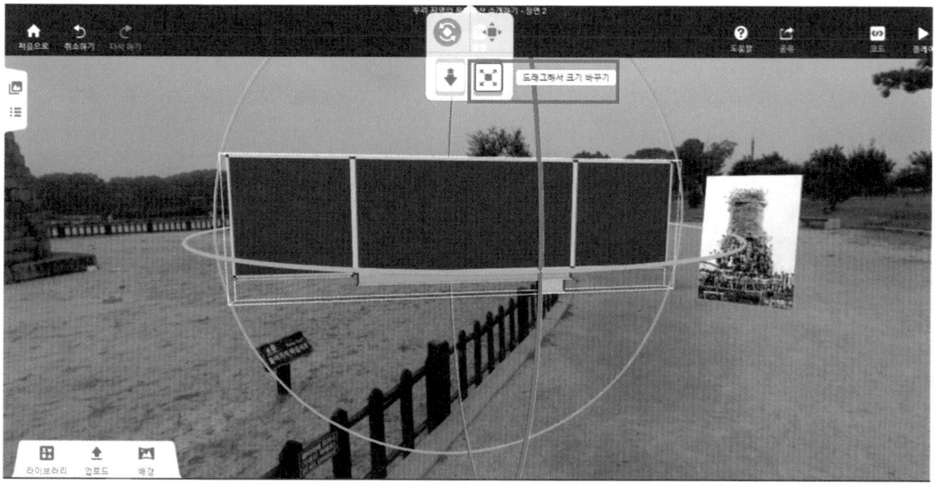

크기를 변경할 수 있는 버튼을 클릭한 채 위아래로 드래그하며 적당한 크기를 맞춰준다.

적당한 크기를 맞추었으면 붙일 이미지를 더블 클릭하고 붙이기 기능을 클릭한다.

그럼 붙일 수 있는 곳에 파란색으로 작은 점이 생긴다. 이 곳 중 붙이고 싶은 곳을 클릭하면 자연스럽게 이미지가 이동하여 붙게 된다.

붙이기가 완료되면 개체를 이동해도 이미지가 그대로 붙어있어 편리하다. 그 외에 문화유산에 대한 설명은 앞에서 언급되었던 개체를 더블클릭하고 문장 넣기를 이용하면 쉽게 넣을 수 있다. 이미지의 한 부분에 문장을 넣고 싶을 때는 개체를 넣고 문장을 넣은 후 마스킹 처리를 하면 개체는 숨기고 문장만 눈에 보인다.

첨성대 : 삼국 신라 시기의 만들어진
천문관측소이다. 가장 오래된
천문관측소이며 석조건물이다.
옛날 첨성대의 모습과 현재 첨성
모습. 예전에는 만지거나 올라가
것이 가능하였으나 현재는
금지입니다. 문화재를 소중히
마음을 가집시다.
YouTube
우리 고장 문화유산

③ 코딩으로 외부 링크, 퀴즈 넣기

다음으로 외부 링크와 퀴즈를 넣어 장면을 더 재미있게 만들 수 있다. 외부링크나 퀴즈를 넣기 위해서는 코딩을 활용해야 한다. 코블록스를 이용하여 코딩을 하기 위해 우선 개체나 이미지를 선택하여 넣는다. 이번에는 유튜브 이미지를 넣고 이미지에 코딩을 해보겠다. 앞서 코딩을 다룰 때처럼 이미지를 더블클릭하여 코블록스에서 사용을 활성화해준다.

그리고 화면 우측 상단의 코드 버튼을 클릭하면 해당 개체에 코딩이 가능하다.

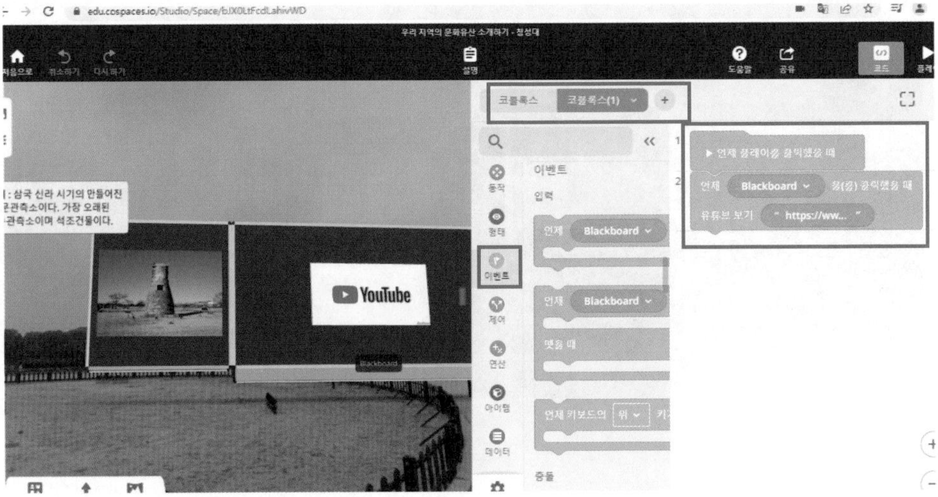

이벤트 탭을 클릭하여 웹 부분을 보면 개체를 클릭할 때 유튜브 보기가 있다. 그것을 드래그하고 이미지를 클릭했을 때 유튜브 링크를 넣으면 외부링크 넣기가 완료된다. 이때, 각 개체마다 다른 코딩을 넣고 싶다면 윗부분에 + 버튼을 클릭하여 코딩을 계속 추가할 수 있다. 코딩이 많아 그 내용이 헷갈린다면 코블록스 부분을 더블클릭하여 이름을 변경하면 된다.

이제 우측상단의 플레이 버튼을 누르고 유튜브 이미지를 클릭하면 위와 같이 법적고지가 뜬다. 계속 버튼을 누르면 유튜브 창이 나오고 재생이 가능하다.

다음으로 퀴즈를 넣어보도록 하겠다. 마찬가지로 퀴즈를 코딩할 개체나 이미지를 삽입하고 더블클릭하여 코드를 클릭한 후 코블록스에서 사용을 활성화 해준다. 학생들의 흥미를 더하기 위해 잔디밭에 작게 삽입하여 숨겨놓고 찾아 문제를 해결하도록 하는 것도 재미있을 것이다.

우측 상단의 코드를 클릭하고 코딩 창을 열어 퀴즈가 나오는 코드를 입력해준다. 이벤트의 입력, 형태의 퀴즈창 보이기를 드래그하여 입력한다. 퀴즈는 선택형으로 낼 수 있다. 퀴즈창 보이기 아래 문제를 적고 아래에 답을 적는다. 보기는 4개까지 추가가 가능하다. 그리고 정답을 선택한다. 정답이거나 오답일 때 각각 개체가 말하도록 할 수도 있고 다른 것을 입력하여 음악이 나오거나 다른 효과를 주는 것도 가능하다.

이 문화유산의 이름은 무엇입니까?
첨성대
참성대
불국사

플레이 버튼을 누르고 해당 개체를 클릭하면 문제가 화면에 제시된다. 문제를 풀고 아래 화살표 버튼을 누르면 코딩해 놓은 대로 개체가 정답을 판단하여 문장이 나오게 된다.

360˚도 이미지도 마찬가지로 스마트폰이나 테블릿 PC같은 스마트기기와 머리 착

용 디스플레이가 있다면 VR체험이 가능하다. 또한 자이로센서를 켜면 기기의 움직임에 따라 화면의 위치와 방향이 바뀌는 것을 볼 수 있다.

유튜브링크와 퀴즈는 클릭을 해야 플레이 되기 때문에 VR로 보는 동안은 켤 수 없다.

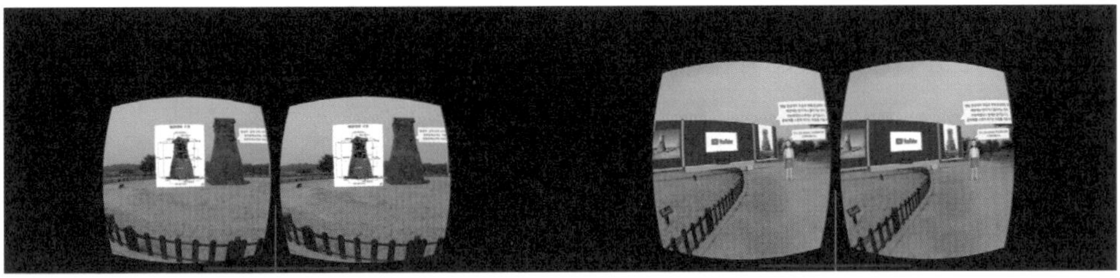

모둠 과제로 제시할 경우 그룹에 많은 인원을 넣어 제시하면 장면 추가하기만으로 여러 명의 과제를 볼 수 있고 협업도 가능해진다. 이 경우 문화유산 여러 개를 조사하게 된다. 장면 추가하기를 활용하여 여러 개의 장면을 친구들과 서로 보고 자신을 나타내는 캐릭터를 추가하여 소감을 남기는 활동을 해볼 수도 있다.

④ 멀지큐브 AR 콘텐츠를 수업에 활용하기

우선 멀지큐브와 AR(증강현실)이 무엇인지부터 간단히 알아보겠다.

AR(증강현실)은 실제 세계에 가상의 세계를 겹쳐 마치 콘텐츠가 현실 속에 실제로 존재하는 것처럼 보여주는 기술을 뜻한다. 대표적인 예로 몇 해 전 대유행을 했던 포켓몬 고 게임을 들 수 있다.

카메라가 있는 스마트폰과 같은 스마트기기만 있다면 현실에는 존재하지 않는 것을 지금 내가 있는 곳으로 불러 올 수 있다. 최근에는 교육 분야에서도 활발하게 활용되며 교실 안에서 손쉽게 증강현실을 활용하여 교육적 경험을 할 수 있도록 도와준다.

멀지큐브는 이러한 증강현실을 불러오는 마커 중 하나이다. 이 마커가 없이 실행되는 증강현실 콘텐츠도 있고 마커를 활용해 실행하는 증강현실 콘텐츠도 있다. 멀지큐브는 다음과 같이 육면체 모양을 하고 있으며 하나의 멀지큐브를 활용해 다양한 멀지 큐브 증강현실 콘텐츠를 실행할 수 있다. 따로 구입하지 않아도 인터넷에 검색을 하거나 코스페이시스 홈페이지에서 멀지큐브 전개도 도안을 다운받아 만들면 사용할 수 있다.

① 개체에 애니메이션을 넣고 재질을 바꿔 큐브 꾸미기

멀지큐브 장면도 기본적인 템플릿을 제공한다. 템플릿이 수업 주제에 적합하다면 템플릿을 선택해서 제작하도록 해도 된다. 또는 템플릿을 주고 주제에 알맞게 수정하여 사용해도 된다. 빈 공간에서 시작해보도록 하겠다. 아래 화면과 같이 멀지큐브가 보인다. 물론 3차원으로 볼 수 있다.

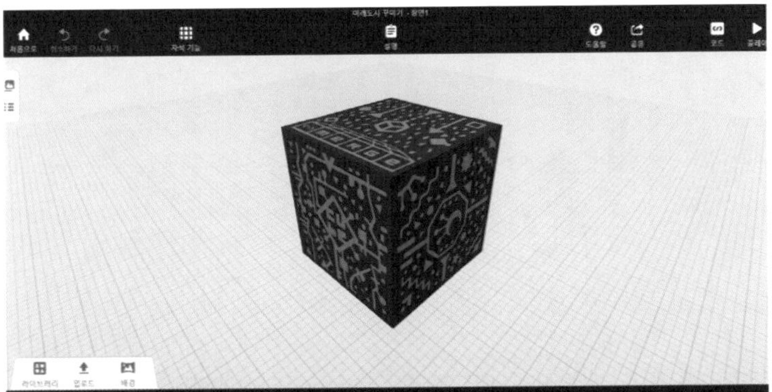

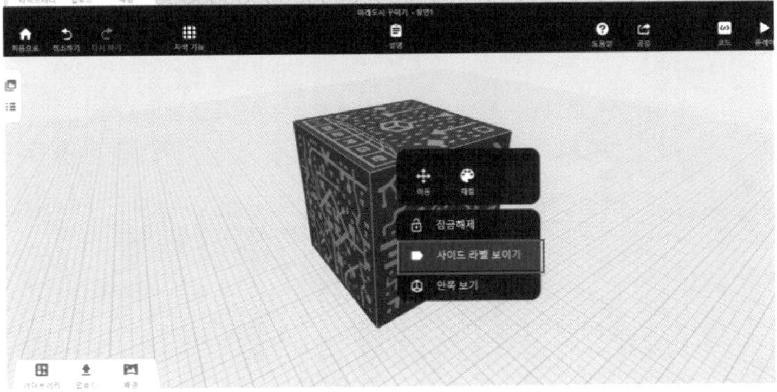

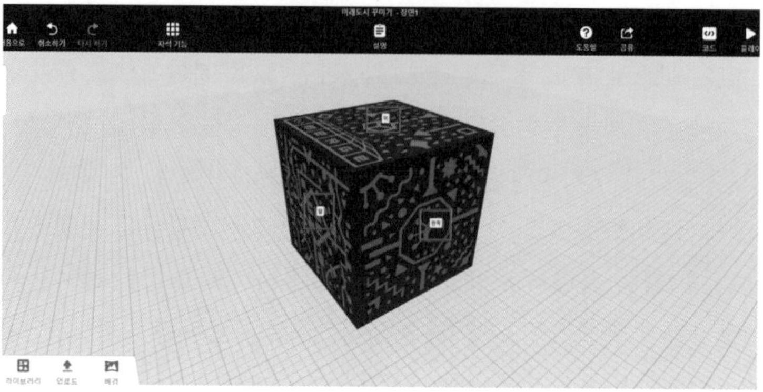

마우스로 화면을 계속 움직이게 되면 방향이 헷갈릴 수 있다. 이 때 멀지큐브에 마우스 오른쪽 버튼을 클릭하여 사이드 라벨 보이기를 선택해주면 각 면에 이름이 붙어 쉽게 방향을 알 수 있다. 만약, 큐브에 바깥면이 아니라 안쪽 면을 사용하고 싶다면 안쪽 보기를 클릭하여 안쪽을 꾸밀 수 있다.

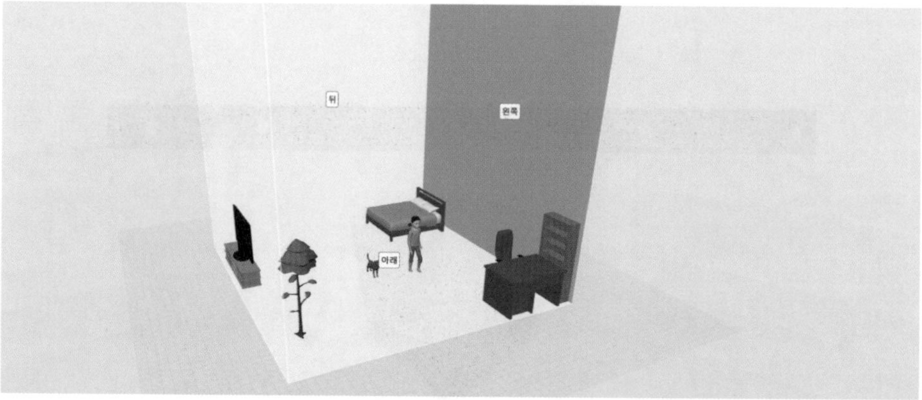

다시 마우스 오른쪽 버튼을 눌러 재질을 클릭하면 개체의 재질과 색상을 변경할 수 있다.

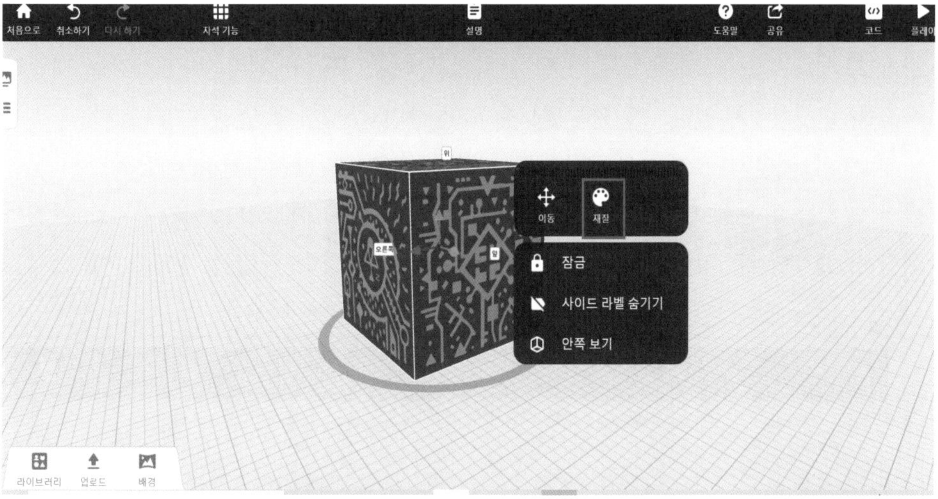
처음으로
취소하기
다시 하기
자석 기능
설명
도움말
공유
코드
플레이
이동
재질
잠금
사이드 라벨 숨기기
안쪽 보기
라이브러리
업로드
배경

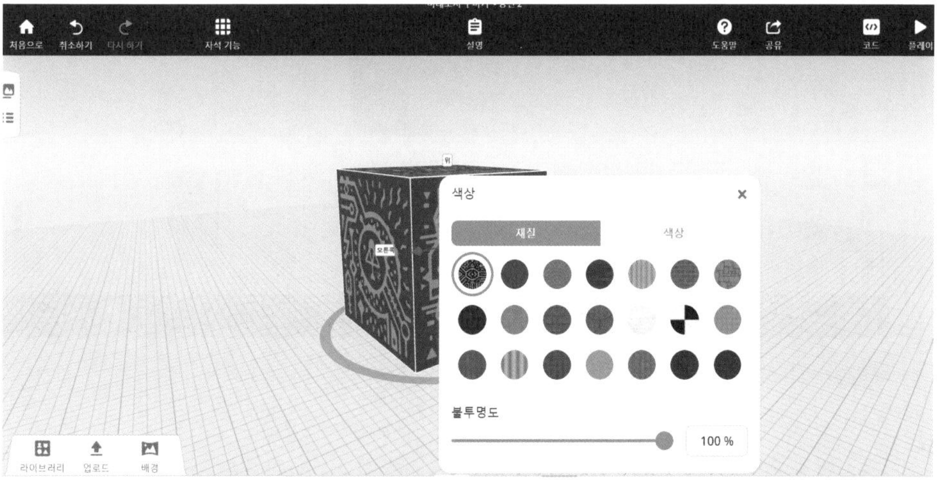
처음으로
취소하기
다시 하기
자석 기능
설명
도움말
공유
코드
플레이
색상
재질
색상
불투명도
100 %
라이브러리
업로드
배경

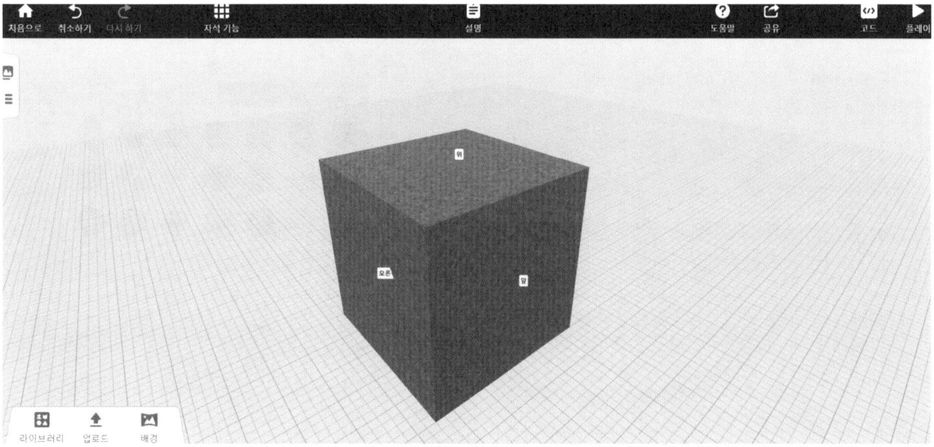
처음으로
취소하기
다시 하기
자석 기능
설명
도움말
공유
코드
플레이
라이브러리
업로드
배경

각 면의 색을 다르게 하기 위해서는 라이브러리의 만들기에서 해당하는 도형을 골라 크기를 큐브에 맞게 조정한 뒤 붙이기를 해서 꾸미면 된다. 마찬가지로 재질과 색상을 변경할 수 있다. 또 불투명도를 조정하면 투명하게 만들 수도 있다.

각 면의 색을 다르게 하기 위해서는 라이브러리의 만들기에서 해당되는 도형을 골라 크기를 큐브에 맞게 조정한 뒤 붙이기를 해서 꾸미면 된다. 마찬가지로 재질과 색상을 변경할 수 있다. 또 불투명도를 조정하면 투명하게 만들 수도 있다.

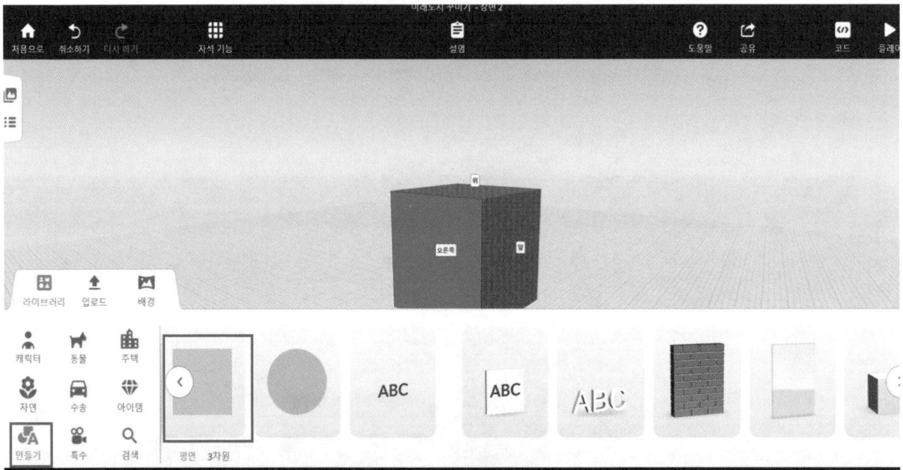

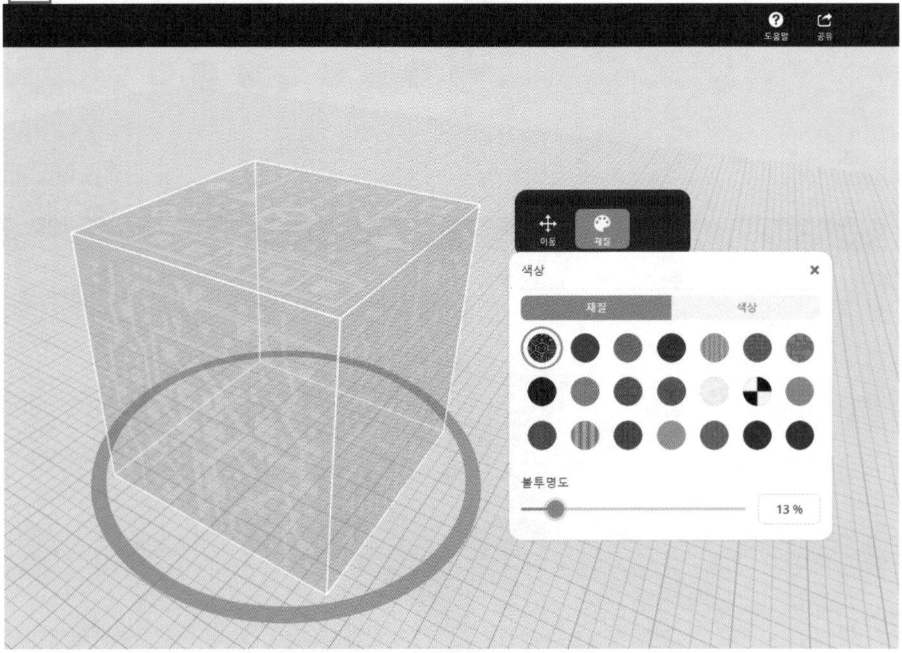

기본적인 배경이 완료되었다면 본격적으로 원하는 대로 디자인하여 큐브를 꾸밀 수 있다. 앞서 나온 다양한 기능들은 멀지 큐브 장면에서도 동일하게 사용이 가능하다. 이미지, 비디오, 소리를 넣고 각 면을 꾸며보도록 안내한다. 라이브러리에서 주제에 알맞은 개체를 선택하여 넣을 수도 있다. 3D로 표현되기 때문에 개체나 이미지 등의 위치를 위, 아래, 옆에서 잘 살펴봐야 한다. 앞에서는 적당한 위치라고 생각했지만 옆에서 보면 개체가 떠있는 경우도 있기 때문이다.

개체에 자연스러움을 더하기 위해 움직임이 필요한 개체의 경우 마우스 오른쪽 버튼을 클릭하여 애니메이션 효과를 적용하면 자연스러운 움직임이 있게 만들 수 있다.

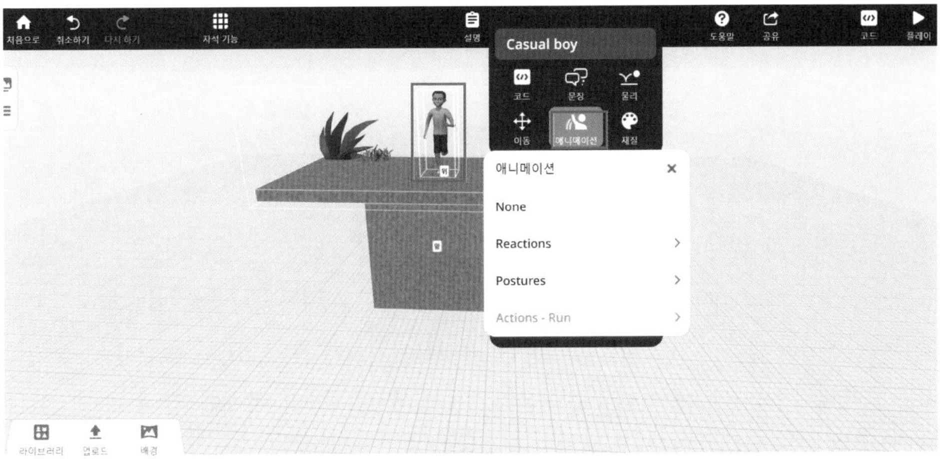

애니메이션은 개체마다 적용할 수 있는 것이 다르다. 나무나 바위처럼 기본 애니메이션이 적용되지 않는 개체도 있다. 그러한 개체도 움직임이 꼭 필요하다면 코딩을 하면 된다.

② 물리 기능을 적용하여 표현하는 방법

또 다른 기능인 물리가 있다. 개체에 질량, 탄력, 마찰 표현이 가능하다. 잘 활용하면 실재감을 느끼는데 큰 도움이 된다. 마찬가지로 개체에 오른쪽 버튼을 클릭하여 물리를 활성화한다. 물리를 활성화시켜 탄력과 마찰, 질량을 어느 정도 주면 물리적인 요소를 추가하여 표현할 수 있다. 공을 예시로 들면 공이 바닥에 닿아 튀어 오르는 것을 표현한다. 학생들이 실제에 가깝게 창의적으로 장면을 구성할 수 있기에 매우 흥미로운 수업을 진행할 수 있다.

③ 자기소개 큐브 꾸미고 AR로 감상하고 공유하기

멀지큐브 장면 구성이 완료되었다면 스마트폰이나 태블릿 PC를 활용하여 AR로 장면을 볼 수 있다. 미리 만들어두었던 멀지큐브 구체물을 준비하고 어플을 실행시켜 실세계에 제작한 콘텐츠를 불러온다. PC에서 실행하면 아래와 같이 휴대폰이나 태블릿에서 실행하라는 창이 뜬다.

태블릿이나 스마트폰 어플을 활용하여 AR로 보기를 켜면 아래와 같은 장면이 뜬다. 멀지큐브를 틀에 맞게 맞춘 후 AR 콘텐츠가 나타나면 움직여가며 콘텐츠를 감상한다.

AR 안전하게 사용하기
어린이가 AR 모드를 사용할 때는 보호자의 지도가 필요합니다.
주변을 확인하고 AR을 조심히 사용해 주세요!
알겠습니다
카메라 앞에서 멀지 큐브를 놓으세요

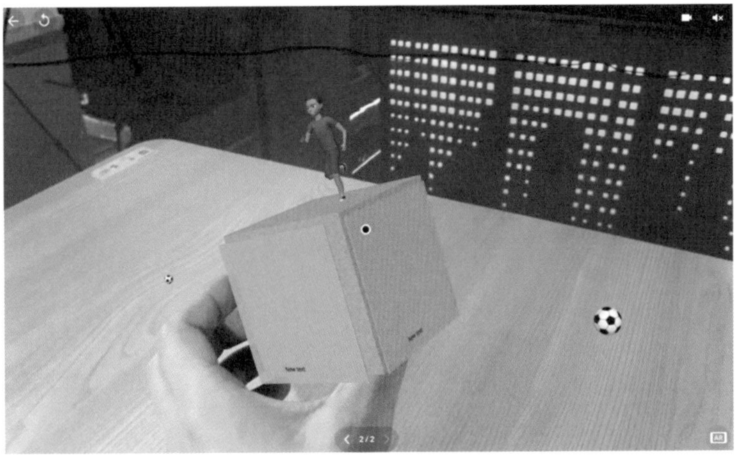
2/2
AR

이제 작품을 공유하는 방법에 대해 알아보자. 완성한 작품을 공유할 수 있다. 유료버전을 사용할 경우, 코스페이시스 갤러리에 공유가 가능하다. 체험판을 사용하거나 무료버전인 경우에는 비공개 공유만 가능하다.

QR코드, 공유링크, 공유코드 중 선택해서 작품을 공유할 수 있다.

따로 로그인 하지 않아도 해당 코드나 링크가 있다면 작품 감상이 가능하다.

Chapter 05

3D SNS 메타버스, 제페토

Chapter 05

3D SNS 메타버스, 제페토

제페토

❶ 제페토의 특징 알기

❷ 제페토 AR 캐릭터 만들고 진로교육에 적용하기

❸ 제페토 월드 탐색하기

이프랜드

❶ 이프랜드의 특징

❷ 이프랜드 설치 및 들어가기

❸ 이프랜드에서 발표 준비하여 수업에 바로 적용하기

제페토

1 제페토의 특징 알기

제페토는 네이버의 자회사인 네이버 제트에서 출시한 3D 기반의 메타버스 소셜 네트워크 서비스다. 자신만의 개성이 드러나게 3D 아바타를 꾸밀 수 있으며 원하는 공간을 선택하여 가상의 세계를 구축할 수 있다. SNS의 한 플랫폼이기에 아바타를 활용해 가상의 세계에서 사람들과 소통하며 관계를 만들어 갈 수 있다. 현재 세계적으로 약 3억명의 유저가 있을 만큼 그 인기가 대단하다.

아바타를 꾸밀 때는 아이템을 구입해야 하는데 무료 아이템도 있고, 젬이나 코인(가상화폐)을 사용하여 아이템을 구매할 수도 있다. 제페토 스튜디오를 활용하여, 크리에이터로서 직접 디자인한 콘텐츠를 팔아 가상화폐로 소득을 올릴 수도 있다.

제페토의 가장 큰 장점은 내가 만든 아바타로 마음껏 이동하며 원하는 곳을 경험할 수 있다는 것이다. 코로나19의 확산으로 모임과 여행이 제한되었던 지난 2년 동안, 사람들을 만나고자 하는 욕구를 조금이나마 해소할 수 있기에 접속자가 폭발적으로 증가하는 계기가 되었다. 또한 기존의 SNS와 비교하여 3D 기반의 가상세계를 만들고 아바타로 사람을 만날 수 있다는 점이 두드러지는 특징이라고 볼 수 있다. 생성된 월드에 무료로 이용 가능한 참여 인원은 16명까지다. 제페토를 활용하기 위해서는 본인인증을 거치는 가입이 필요하고 모바일에서 구동이 원활하다.

최근 제페토를 악용한 그루밍 성폭력이 기사로 알려졌다. 이처럼 직접 만나지 않고 가상의 공간에서 만들어진 관계는 범죄에 노출될 확률이 보다 높기 때문에 어플을 활용하기 전, 철저한 사전지도가 필요하겠다.

2 제페토 AR 캐릭터 만들고 진로교육에 적용하기

제페토 어플을 활용해 AR 캐릭터를 만들어 보자. 모바일로만 구동이 되기 때문에 제페토 어플을 설치한다. 어플을 실행하면 먼저 캐릭터를 고르고 캐릭터의 이름을 정해준다.

아이디와 비번을 적어 회원가입을 하거나 구글이나 카카오톡 등 다른 계정을 이용하여 회원가입을 한다. 캐릭터와 이름은 후에 변경도 가능하고 아이템을 활용하여 꾸미는 것이 가능하다.

반가워요
나만의 캐릭터를 선택해보세요.
다음
이미 가입한 계정이 있어요.

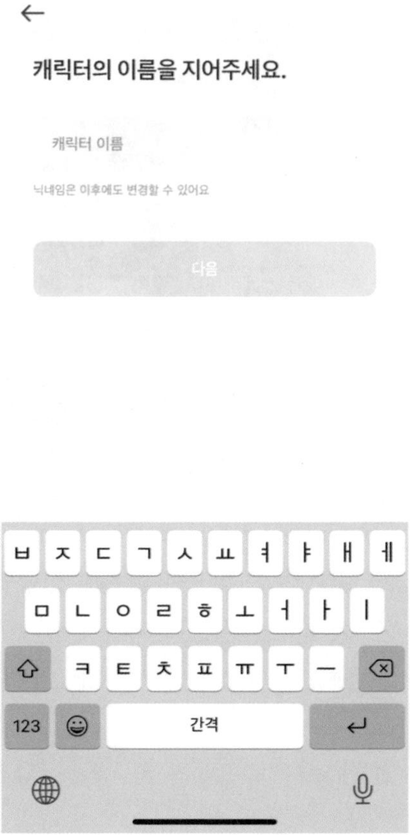
캐릭터의 이름을 지어주세요.
캐릭터 이름
닉네임은 이후에도 변경할 수 있어요
다음
ㅂ ㅈ ㄷ ㄱ ㅅ ㅛ ㅕ ㅑ ㅐ ㅔ
ㅁ ㄴ ㅇ ㄹ ㅎ ㅗ ㅓ ㅏ ㅣ
ㅋ ㅌ ㅊ ㅍ ㅠ ㅜ ㅡ
123
간격

건너뛰기
회원가입 하고
캐릭터 만들기를 완료하세요!
카카오톡으로 계속하기
Apple로 계속하기
구글로 계속하기
다른 옵션 보기

그럼 본격적으로 나만의 캐릭터를 꾸며보도록 하자. 오른쪽에 있는 캐릭터를 클릭하면 캐릭터를 꾸밀 수 있는 화면으로 전환된다.

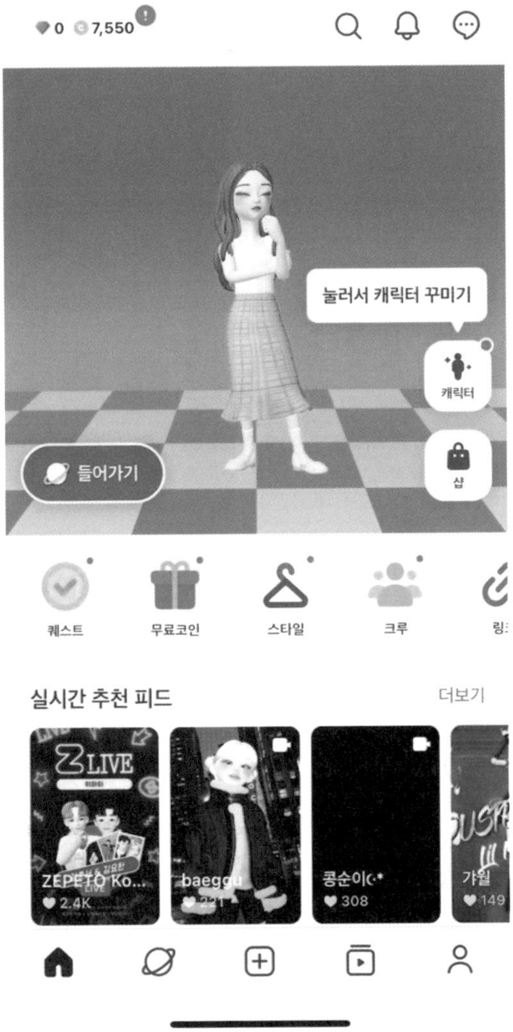

기본적으로 제공되는 아이템이 있다. 또 제페토 내에서 활동을 통해 얻을 수 있는 코인으로 아이템을 구매할 수도 있다. 젬이라는 가상화폐를 구매할 수도 있지만 학생들이 결제하여 쓰기엔 무리가 있기 때문에 결제하지 않고 사용할 수 있는 아이템을 활용하도록 지도한다. 학생들이 나름대로 자신의 캐릭터를 꾸미도록 한다. 얼굴형부터 코, 눈, 입의 모양을 선택할 수 있어 자신과 비슷하게 만들어보는 것도 가능하다.

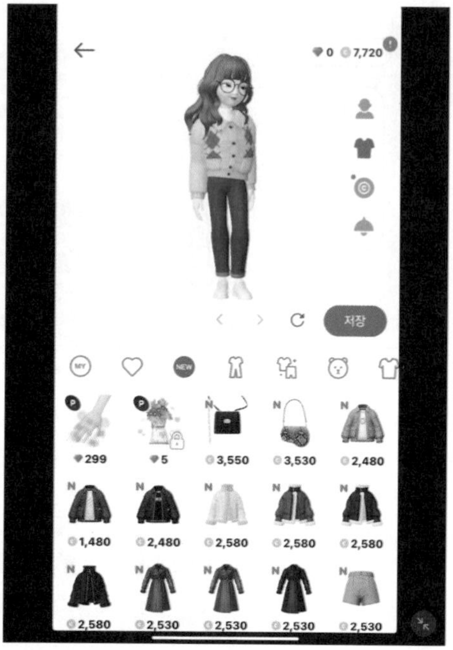

캐릭터 꾸미기가 완료되었으면 홈의 하단 중앙 [+] 버튼을 클릭하고 상단의 카메라 모양을 눌러준다.

그럼 카메라가 켜지는데 아래 보이는대로 액션, 스튜디오, 카메라 이렇게 총 세 가지 버전으로 내가 만든 캐릭터를 볼 수 있다.

그 중 액션 기능은 나의 표정이나 입모양을 따라하게 된다. 배경도 제페토 자체에 있는 것 또는 기기에 저장된 이미지로 바꿀 수 있다. 아래 제스처 중 하나를 선택하면 캐릭터가 동작을 반복한다. 녹화 기능도 있기 때문에 학년 초, 자신을 재미있게 소개하고 어떤 친구인지 맞히는 게임을 하면 친구들과 금세 알아가며 친해질 수 있을 것이다.

스튜디오 모드는 공간 안에 캐릭터가 들어가 있는 모습으로 보이는데 이 때 다른 이미지로 배경을 바꿔서 원하는 공간에 캐릭터가 있는 듯한 장면을 연출할 수 있다.

마지막으로, 카메라는 위에 얼굴 모양으로 AR모드를 실행할 수 있다. 나의 얼굴이 내가만든 캐릭터로 바뀐다. 표정이나 입모양을 따라하게 한다. 캐릭터 추가를 눌러 원하는 포즈, 모션을 하는 캐릭터를 추가로 넣을 수 있다. 드래그해서 캐릭터를 움직이게 한다.

이 장면을 사진이나 동영상으로 찍고 바로 편집하여 공유하는 것이 가능하다. 저장하면 기기에 바로 저장된다. 진로 교육에 적용하여 보면 꿈을 이룬 자신의 모습을 상상하여 캐릭터를 꾸미고 배경과 포즈 등을 정해 동영상을 촬영해 발표하는 활동을 진행할 수 있다. 자신의 꿈에 대해 그림이나 글로 나타내는 것은 실력에 따라 완성도 차이가 많이 나게 되고 어려워 하는 학생들이 많은데 제페토의 이러한 기능을 활용하면 흥미롭게 진로교육을 진행할 수 있을 것이다.

<제페토 활용 진로 교육 예시>

① 자신의 꿈과 꿈을 이룬 자신의 모습을 몇 개의 장면으로 구상하기
② 1인칭 시점에서 미래의 자신을 소개하는 영상을 제작하기 위한 스토리보드 작성하기
③ 제페토 자신의 아바타 꾸미기
④ 제페토 카메라를 켜고 액션(얼굴이 인식되어 아바타가 나의 표정과 말을 따라함) 또는 스튜디오(배경을 선택하고 포즈를 취할 수 있음) 모드를 선택하여 영상 찍기
⑤ 제페토에서 바로 편집하여 저장하기
⑥ 학급에서 나의 꿈 발표회를 진행하며 상영하기

③ 제페토 월드 탐색하기

제페토는 크리에이터가 만들어 놓은 다양한 월드가 있다. 공개된 월드에 직접 참여하는 것이 가능하다. 모임을 목적으로 하는 월드부터 게임이나 미션을 즐길 수 있는 월드까지 매우 다양하다. 필요에 따라 원하는 월드에 참가하여 정보를 얻거나 친구를 사귈 수 있다.

직접 월드를 만드는 것도 가능하다. 간단하게 방을 만들고 비공개 설정을 해주면 링크가 있는 사람만 들어올 수 있다. 링크를 공유해서 내가 만든 월드로 초대가 가능하다. 친구추가가 되어 있다면 어플 내에서 바로 초대할 수도 있다. 초대가 되었으면 맵을 탐색하며 친구들을 만날 수 있다. 이미 만들어진 월드는 개별적으로 수정이 불가능하다. 원하는 대로 공간을 구성하고 활용하기 위해서는 직접 공간을 만드는 것이 좋을 것이다.

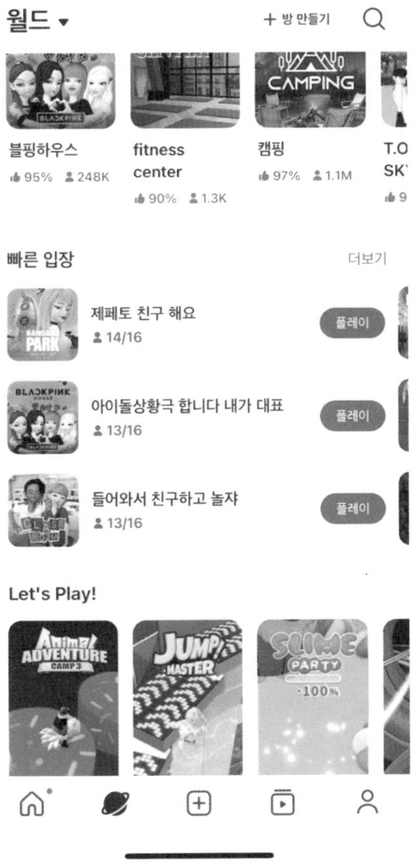
월드
+ 방 만들기
CAMPING
블핑하우스
95% 248K
fitness center
90% 1.3K
캠핑
97% 1.1M
빠른 입장
더보기
제페토 친구 해요
14/16
플레이
아이돌상황극 합니다 내가 대표
13/16
플레이
들어와서 친구하고 놀쟈
13/16
플레이
Let's Play!
Animal ADVENTURE
JUMP MASTER
SLIME PARTY

월드
추천
NMIXX Island
PC ROOM
fitness center
빠른 입장
방 만들기
제목
우리베
월드
비공개
만들기
우리반
우리보다
우리방
우리집

1/16
하느리이 님이 입장했어요.
메시지를 입력하세요.

완료
하느리이

이렇게 방을 만들어 친구를 초대하고 채팅이나 음성으로 이야기를 나눌 수 있다. 이미 만들어진 월드 중 실제 장소, 예를 들어 한강 공원이나 경주월드 같은 곳이 있는데 가상이지만 실제로 존재하고 가볼 수 있는 곳을 그대로 옮겨 놓은 것이다. 이러한 가상의 세계에서 친구와 직접 만나 이야기하는 듯한 느낌을 받을 수 있다. 스크린 샷은 물론이고 셀카모드로 아바타끼리 셀카 촬영도 가능하다. 체험학습이 불가하다거나, 수업에서 활용할 수 있는 장소가 있다면 제페토 월드 안에서 수업을 하는 것도 재미있을 것이다.

만약 기존에 있는 맵이 아닌 자신만의 맵을 만들어 사용하기 위해서는 제페토 스튜디오를 활용해야 한다. 제페토 앱과는 다르게 PC에서만 구동이 된다. 맵을 만들고 제출하면 심사 기간을 거쳐 심사가 이루어진다. 통과하면 맵으로 만들어져 월드를 구성할 수 있다. 월드가 만들어지면 제페토 앱에서 적용하는 것이 가능하다.

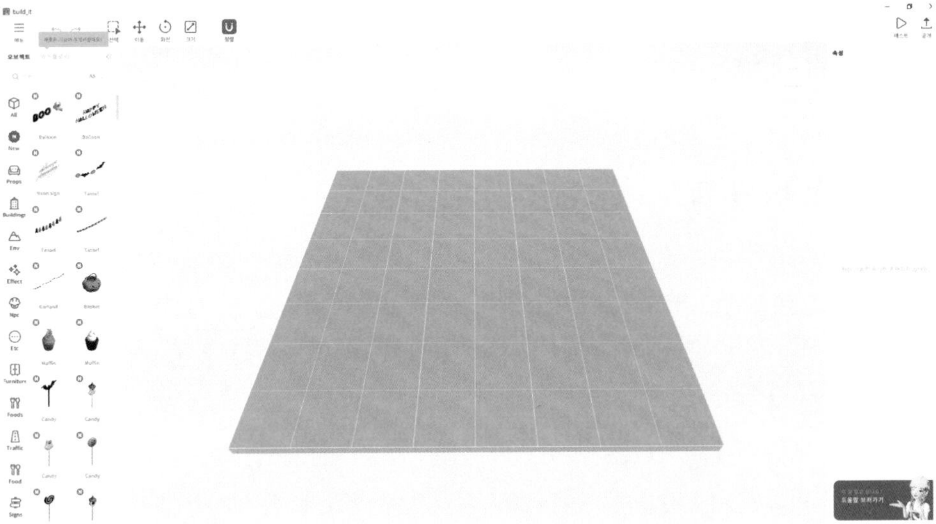

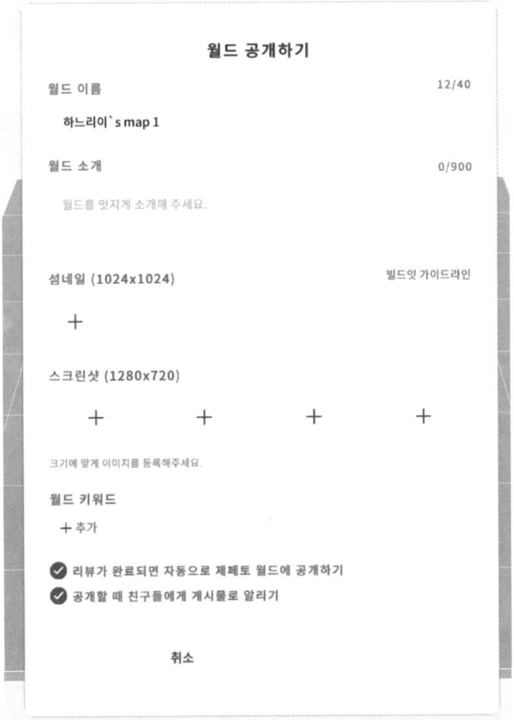
월드 공개하기
월드 이름
12/40
하느리이`s map 1
월드 소개
0/900
월드를 멋지게 소개해 주세요.
섬네일 (1024x1024)
빌드잇 가이드라인
스크린샷 (1280x720)
크기에 맞게 이미지를 등록해주세요.
월드 키워드
+ 추가
리뷰가 완료되면 자동으로 제페토 월드에 공개하기
공개할 때 친구들에게 게시물로 알리기
취소

이프랜드

1 이프랜드의 특징

다음으로 이프랜드(Ifland)는 SK텔레콤에서 만든 메타버스다. 제페토와 비슷하게 본인만의 아바타인 '이프미'를 꾸며 자신을 표현할 수 있고 가상의 세계에서 다른 사람과 소통할 수 있다.

제페토와 다르게 아바타를 꾸미는 아이템이 무료다. 이프랜드는 공간을 만든다기보다 이미 만들어진 공간을 필요에 맞게 선택하여 강연과 행사 진행에 활용할 수 있다. 131명까지 무료로 접속(131명 아바타 접속, 132명부터는 투명모드로 오디오만 참여)이 가능하고 영상, 이미지, PDF를 화면에 공유할 수 있어 강의 형태의 행사 진행에 아주 유용하다. 코로나19로 대규모의 행사를 진행하기 어렵거나, 공간, 거리의 제약이 있을 때, 가상의 세계에서 원하는 행사를 충분히 진행할 수 있다. 이미 국제 행사, 대기업 설명회 등과 같은 대규모 행사에서 활용되었다. 호스트는 참여 인원을 필요에 따라 음소거할 수 있기에 제어가 쉽다고 볼 수 있다. 링크를 공유하는 것으로 손쉽게 모임 초대가 가능하다. 하지만 이프랜드 또한 활용하기 위해서는 본인인증을 거치는 가입이 필요하다. 또한 모바일로만 원활한 활용이 가능하다.

출처: sk텔레콤 뉴스룸

2 이프랜드 설치 및 들어가기

이프랜드도 모바일에서만 구동이 되기 때문에 스마트기기를 이용하여 어플을 다운 받는다. 태블릿PC보다 스마트폰에 적합하게 개발되었기 때문에 화면이 상대적으로 작은 스마트폰에서 가장 원활하게 구동이 된다. 어플을 다운 받고 구글이나 페이스북 등의 계정을 활용하여 로그인을 해준다.

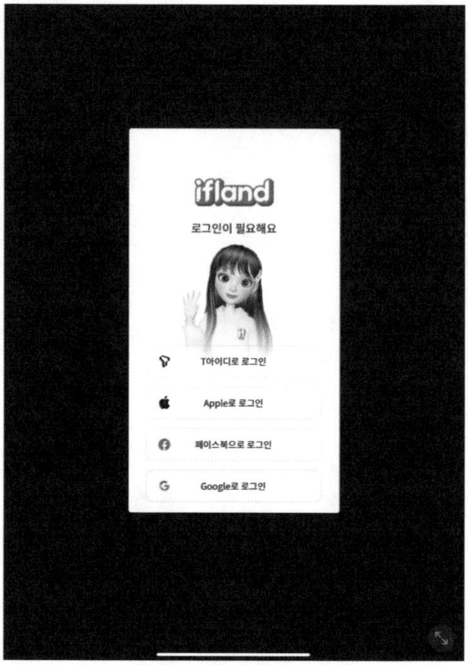

그리고 자신을 나타내는 아바타인 이프미를 꾸민다. 이프랜드에서 사용할 이름인 닉네임도 정해준다. 이프미는 나중에도 계속해서 변경할 수 있다. 이전에도 언급하였다시피 구매하는 것이 아니라 무료로 아바타를 꾸밀 수 있다.

이프랜드에 본격적으로 접속하면 첫 화면에 본인의 아바타인 이프미가 있고 아래로 내려보면 열려 있는 랜드를 찾아볼 수 있다. 오픈에 들어가면 모두에게 공개되어 있는 랜드이기 때문에 자유롭게 들어가 볼 수 있다. 공연이나 강연이 수시로 이루어지고 있기 때문에 굳이 학생들을 데리고 공연장을 찾지 않아도 다함께 공연을 관람하거나 유명인사의 강의에 참가할 수 있다.

③ 이프랜드에서 발표 준비하여 수업에 바로 적용하기

다음으로 직접 이프랜드에 랜드를 만들어 강연 준비를 해보도록 하자. 하단의 더하기를 눌러 랜드를 만들어준다. 제목을 정하고 장소를 선택한다. 방송국, 강연장, 도서관 등 다양한 랜드가 있기 때문에 만드는 목적에 따라 알맞게 장소를 선택하면 된다. 바로 만들기도 가능하고 예약을 해두면 예약한 시간에 랜드가 공개된다. 태그는 필수는 아니다. 태그를 고르면 랜드 정보에 함께 게시된다. 기본이 공개이고 비공개로 하고 싶다면 공개를 비활성화 해주면 된다. 그리고 저장을 눌러준다.

위쪽의 메뉴를 살펴보도록 하자. 옆에 접속할 수 있는 최대인원인 131명 중 접속인원이 표시되어 있다. 말풍선 모양을 누르면 채팅창이 켜진다. 그 옆을 누르면 랜드의 정보가 게시된다. 아래 링크를 누르면 랜드 링크가 복사된다. 공유 버튼을 누르면 초대문자를 바로 보낼 수도 있다.

지구 모양은 현재 진행되고 있는 다른 랜드를 보여주는데 호스트가 다른 랜드로 이동할 경우, 지금 있는 랜드는 자동으로 닫힌다. 왼쪽 하단의 흰색 단추를 이용해 이프미를 움직일 수 있다.

이제 오른쪽에 있는 아이콘을 살펴보자. 리모컨 모양을 누르면 앞의 스크린이 크게 확대된다. 왼쪽 아래 자료 공유를 누르면 내가 가지고 있는 자료를 스크린에 띄울 수 있다. 활용 가능한 파일은 이미지, 영상, PDF가 있다. 모든 파일형식이 공유되는 것은 아니기 때문에 파일형식을 잘 확인해야 한다. 또한 안드로이드 기반의 경우 휴대폰 안에 있는 파일을 바로 공유할 수 있지만 애플 기반인 경우 아이클라우드나 구글 드라이브에 업로드를 한 후에 공유할 수 있다.

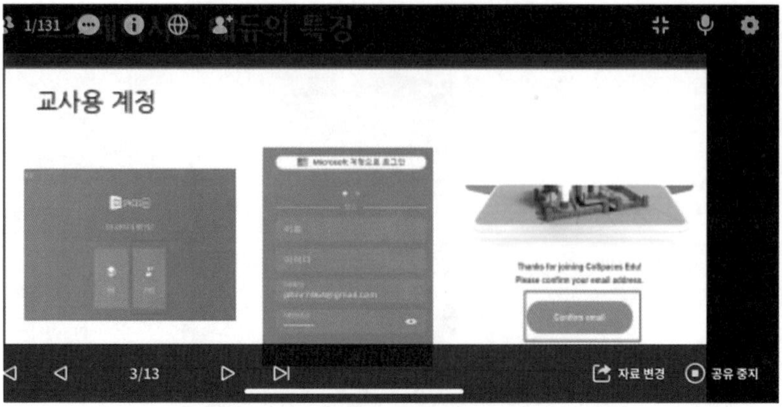

이렇게 자료를 공유하면 왼쪽 하단의 키를 이용해 슬라이드를 넘길 수 있다. 오른쪽 위의 화면 축소 아이콘을 누르면 다시 아바타가 보인다. 자료 공유 옆에 누구나 제어를 누르면 호스트뿐만 아니라 다른 사람도 자료를 공유할 수 있다.

카메라 모양을 누르면 화면이 캡쳐되어 기기에 바로 저장된다. 옆에 마이크 모양을 눌러 마이크 기능을 조절할 수 있다. 그리고 설정을 누르면 소리 끄거나 켜기, 랜드 정보 수정하기, 공지 마이크과 채팅 권한을 호스트에게만 있게 하거나 모두에게 줄 수 있다. 마이크 권한을 개별적으로 주는 것은 불가해서 조금 아쉽긴 하다. 하지만 제페토와 비교하였을 때는 호스트의 권한이 훨씬 커서 수업이나 강연을 진행할 때 제어가 쉽다는 게 장점이 될 수 있다. 참여방식과 호스트 변경도 가능하다. 굳이 아바타가 출연할 필요가 없다면 오디오만 참여하는 것도 가능하게 조정할 수도 있다.

이렇게 강연 준비를 하고 강연을 진행한다. 강연이 모두 끝나면 호스트가 랜드를 끝낸다. 그럼 자동으로 랜드가 없어지고 참여자도 자동으로 모두 나가진다. 이렇듯 어렵지 않은 간단한 준비로 학생들 또는 교사가 강연이나 수업을 진행할 수 있다. 메타버스의 가장 큰 장점은 가상의 세계에서 모두 주인공이 될 수 있다는 것이다. 실제로 현장에서 수업을 진행해보면 교실에선 소극적인 학생들도 메타버스 안에서는 활발하게 수업에 참여하는 모습을 보여주곤 한다. 이프랜드를 활용한다면 원하는 학생은 모두 큰 강연장에서 강연하는 경험, 공연장에서 공연하는 경험을 누릴 수 있게 될 것이다.

<이프랜드 활용 발표 수업 예시-6학년 2학기 4단원 효과적으로 발표해요>

① 모둠별로 발표 주제 정하기
② 모둠별 역할 정하기
③ 영상자료, PPT자료(미리캔버스 활용 가능) 등을 제작하기
④ 발표 주제에 맞는 이프랜드 장소 선택하기
⑤ 아바타 꾸미기
⑥ 친구들 초대하여 발표회 하기

	제페토	이프랜드
아바타 제작	가상화폐인 코인과 젬으로 구매해야 함. 코인은 활동으로 얻을 수 있음.	무료로 모든 아이템 이용 가능
맵 제작	제페토 스튜디오를 설치하여 제작 가능 심사를 거쳐 통과해야 적용 가능	맵 제작 불가 제공되는 랜드를 선택해야 함.
참여가능인원	월드에 16명까지 무료로 접속 가능	랜드에 131명까지 접속 가능 (132명부터는 오디오로만 참여 가능)
접속 및 소통	본인 인증 회원가입을 해야 접속 가능, 모바일 전용, 음성과 채팅으로 소통	
공통점	-가상의 세계에서 자신을 나타내는 아바타를 꾸밀 수 있음. -SNS로서 다른 사람을 만나서 소통하며 관계를 만들어 나갈 수 있음. -온라인에서 모임과 행사를 진행할 수 있음.	

공저자 약력

이진명

경기도 부천 중흥초등학교 교사로 EBS 미래교육플러스 '메타버스 교육현장을 바꾼다.'에 출연하여 메타버스를 활용한 교육을 소개하였다. 아이스크림 연수원에서 '핵심만 콕! 수업에 바로 쓰는 메타버스'를 진행 중이며, 교사와 학부모 미래교육 안내서 '메타버스로 소통하는 아이들'과 학생용 메타버스 활동책 '메타버스 META북'도 집필하였다. 실과교과서 집필, 2022개정교육과정 핵심선도요원, 교육정책네트워크 현장 자문단 등 교육 현장에서 교육과정과 관련된 일들도 활발히 하고 있다.

박하느리

경기도 김포 장기초등학교 교사로 영상제작 메타버스 동아리를 운영 중이다. 아이스크림 연수원에서 '핵심만 콕! 수업에 바로 쓰는 메타버스'를 진행 중이며, 학생용 메타버스 활동책 '메타버스 META북'을 집필하였다. 경기도교육연수원 콘텐츠 개발 강사로 활동 중이다.

이재찬

경기도 시흥 생금초등학교 교사로 학생들과 메타버스를 활용한 교육을 실천 중이다. 아이스크림 연수원에서 '핵심만 콕! 수업에 바로 쓰는 메타버스'를 진행 중이며, 학생용 메타버스 활동책 '메타버스 META북'을 집필하였다. 공공학습관리시스템 지원단 등 에듀테크 관련 다양한 활동을 활발히 하고 있다.

메타버스, 학교에서 활용하기

초판발행 2022년 11월 9일

지은이 이진명 · 박하느리 · 이재찬
펴낸이 노 현

편 집 배근하
기획/마케팅 조정빈
표지디자인 이영경
제 작 고철민 · 조영환

펴낸곳 ㈜ 피와이메이트
서울특별시 금천구 가산디지털2로 53 한라시그마밸리 210호(가산동)
등록 2014. 2. 12. 제2018-000080호
전 화 02)733-6771
f a x 02)736-4818
e-mail pys@pybook.co.kr
homepage www.pybook.co.kr
ISBN 979-11-6519-314-0 93370

정 가 19,000원

박영스토리는 박영사와 함께하는 브랜드입니다.